顶级沟通

打破社交壁垒的高情商沟通策略

蒋波◎编著

北京日報出版社

图书在版编目（CIP）数据

顶级沟通：打破社交壁垒的高情商沟通策略 / 蒋波编著. -- 北京：北京日报出版社，2024. 9. -- ISBN 978-7-5477-5034-6

Ⅰ. C912.11-49

中国国家版本馆CIP数据核字第2024C56V29号

顶级沟通：打破社交壁垒的高情商沟通策略

出版发行： 北京日报出版社
地　　址： 北京市东城区东单三条8-16号东方广场东配楼四层
邮　　编： 100005
电　　话： 发行部：（010）65255876
总编室：（010）65252135
印　　刷： 三河市华润印刷有限公司
经　　销： 各地新华书店
版　　次： 2024年9月第1版
2024年9月第1次印刷
开　　本： 710毫米×1020毫米　1/16
印　　张： 14.5
字　　数： 193千字
定　　价： 58.00元

前言
PREFACE

有人的地方，就有沟通。沟通是我们日常生活、工作、学习中不可或缺的一部分。良好的沟通能化解矛盾、促进合作、增进感情、提高默契。良好的沟通能力能让我们在职场风生水起，也能让我们在情感世界里收获爱情。

心理学研究表明，善于沟通的人社会适应能力比较强，这样的人往往更受欢迎。君不见，几乎在每一则招聘启事中，“善于沟通”都是必不可少的一项要求。许多公司宁愿招能力平平但沟通能力出色的员工，也不愿招聘交流困难的业务精英。

善于沟通的人，妙语连珠，字字入心，沁人心脾，似春风化雨，又似百万雄兵。一个善于沟通的人面对客户，知道如何说话能赢得对方的心，从而让对方购买自己的产品；面对同事，能巧妙地化解危机，让他们乐于配合自己，共同完成工作；面对家人，能充分考虑亲人的感受，给对方带来和谐、乐趣；即使遇见陌生人，也知道如何“破冰”，从而令对方“一见如故”。

而那些不会沟通的人，哪怕能力再强，也犹如一台不能出声的音响，虽然一直在运转，也在辛苦地工作，却丝毫不能打动人心。

对于有的人来说，他们似乎天生就善于沟通，与他人交流，如同吃饭一般，张口就来；但对于另一些人来说，沟通却如同喝黄连汤般难受，他们不知道怎样实现与人的良性沟通，也不知道该如何打破社交壁垒。

遇到同事，不知道如何自然地打招呼，只能低头默默走过去；

好不容易约到心仪的她（他），却不知道如何表达，只能尴尬地面对面坐着；

不得已要当众讲话的时候，更是大脑一片空白，即使说出来也是结结巴巴，甚至忘记事先想好的词。

于是，为了避免出现沟通上的尴尬，他们选择远离社交，越来越封闭自己，甚至有些人在面对人际交往时，会表现出本能的恐惧感。这样日复一日，最终导致自己的圈子越来越小、朋友越来越少，以致错失许多发展的机会。

实际上，沟通是一门学问，许多沟通高手都是利用一些技巧磨炼出来的。巴菲特曾经说过："让身价增值超过50%的一种简单方法，就是磨炼你的沟通技巧。"

如何提升沟通能力，打破社交壁垒？本书给出了人们迫切想要知道的答案。在学习了书中内容后，你能更好地应对各种场景的高难度对话，还会知道"顶级沟通"其实并不需要长篇大论，也不需要口是心非、曲意逢迎，更不需要咄咄逼人、锋芒毕露，而是要在恰当的场合运用正确的沟通策略，轻松化解沟通难题，让沟通双方都感到被尊重、被接纳。在一来一往的沟通中，展现自己的高情商，让自己在社会交往中更受欢迎。

我们希望读者朋友们能掌握更多的沟通方法和技巧，并将其熟练地应用到工作、生活、学习等各种场景中，让自己的人生更上一层楼。

（本书案例中人物均为化名。）

目 录

CONTENTS

第一章

突破社交壁垒，从修炼沟通技巧开始

四种思考方法，帮你理清表达思路

在现实生活中，很多人都会有这样的疑惑：

明明我的创意很好，但是为什么汇报之后，不能得到认可呢？

明明我的能力很强，为什么没有通过面试呢？

我是项目负责人，为什么给下属分配任务的时候，他们总是误解我的意思而导致出错呢？

为何如此呢？一个重要原因就是你的表达有问题。更精确地说，是你的思路混乱，导致表达不清，最后出现了各种问题——领导没有从你的汇报中听出创意点，面试官没有从你的介绍中听出你的能力，下属不理解你下达的命令。

由于思路混乱导致表达不清，进而导致问题的出现，影响了做事的效果，这样的事例在我们身边难道还少吗？

小清以高考理科全县第一名的成绩考入了一所重点大学。他的各科成绩都非常优秀，尤其是物理，高考中仅仅差了三分就能获得满分。在大学期间，他的各科成绩也非常好。在完成功课之余，他产生了做家教的想法。

恰好，他的一名室友受人之托，帮忙寻找家教，以辅导那户人家的孩子提高高中物理成绩。小清自然成了不二人选。

这天，小清穿戴整齐，在同学的陪同下，来到那户人家。一阵简单的问候之后，家长就问小清：“听介绍，你高中的成绩不错，尤其是物理。

这非常好，我想问你，如果让你来辅导我家的孩子，你会用怎样的方法来快速提高他的物理成绩呢？毕竟现在距离高考只有三个月了。”

小清非常想得到这次家教的机会，于是便滔滔不绝地讲了起来：“您说得没错，我的学习成绩是非常优秀的，尤其是物理成绩。但并不是说我比较偏科，只有物理成绩比较好，实际上我的数理化都是非常优秀的。您应该知道，理科的学习是相通的，您家孩子的物理相对较弱，其他科的成绩也应该都差不多吧。”

“是的。那么，我的孩子该如何提高成绩呢？”家长忍不住问道。

“是这样啊。”小清接着说，“在上高中的时候，我的同桌物理成绩也比较差，但是他经常向我请教，后来成绩上升很快，高考的时候物理成绩在我们班上可以排到前十名，这进步已经非常大了。所以说提高物理成绩还是很有可能的，我们应该有这个信心。

“刚才我说了高中时的情况。实际上呢，这个知识一旦掌握，就会长期存在于记忆中，所以大学期间尽管功课多，但是高中的物理知识我还是掌握得比较牢固的，比如定理、定义等，我现在还能一字不差地背出来。从这方面来说，要想提高物理成绩，必须要掌握最基本的知识。不过，光掌握这些基本定理还不行，要知道在高考中这些内容占比还不到百分之五，分值不大。我物理成绩之所以高，是因为我擅长做难题，一旦解决了一道，分数就能提高不少，但是这不适合物理基础弱的同学……”

小清就这样侃侃而谈，不断地说着自己的物理多么优秀、参加了哪些比赛、自己用什么方法来提高物理成绩等等。那名家长仔细地听着，但始终没有听到如何能提高自己孩子的物理成绩，不禁十分失望。他觉得小清对核心问题避而不答，总是“顾左右而言他”，而且说的话一点儿逻辑性都没有，即使他的成绩好，也难以教好自己的孩子。而小清却浑然不觉，觉得自己如此优秀，一定能够应聘成功，但结果却令他十分失望。

我们在日常的交往中，往往有这样的误解：一个人如果滔滔不绝，那么他的口才一定很好；一个人说话的时间越长，那么他说的内容越丰富、越详细。实则不然，如果你的思路不清晰，就如同小清一样，即使说了很多，别人也无法明白你要表达的内容或者听到自己想要的信息。这样的沟通表达无疑是失败的。

厘清思路，才能表达清楚。没有清晰的思路，你说的话越多，就越让人糊涂。沟通表达有技巧，理清思路也有方法。只要掌握了这四种思考方法，当你再和别人沟通交流的时候，就会有一个清晰的思路，让你的表达更清楚，无须长篇大论，只要短短几句话就能让对方明白。

1. 界定要表达的内容，不要过于发散

一般来说，日常的沟通交流都有一定的目的性，仅有少部分属于毫无目的的漫谈、闲谈。既然有一定的目的性，那么在说话的时候，就要把讲话的内容和核心与这一目的性牢牢挂钩。

在上面的案例中，小清在表达时所犯的一个重大错误就是没有界定好要表达的内容。家长为孩子请家教，目的就是要在短时间内提高孩子的物理成绩，然而小清却把这个核心目的过度发散，谈了好多自己的学习经历，而家长真正想听的内容却没有涉及。也正是这个原因，导致小清应聘家教失败。

另外，在我们日常的沟通交流中，像上面案例中的家长那样，直接说出核心目的的谈话并不是太多。更多的情况是，核心目的被隐藏在大量的谈话中间。比如，领导想通过你来了解某个人的时候，他可能不会直接问你这个人怎么样，而是把这个问题夹杂在许许多多的问题中间。这些与核心目的无关的言语成为我们厘清思路的最大阻碍。因此，我们在与人沟通的时候，一定要条分缕析，找到核心问题，界定出要表达的内容。

2．结论先行，也就是在表达之前，先把自己的结论定下来，然后围绕这个结论来展开思路

也许大家都有过这样的经历。在讨论会上，你踊跃发言，说了很多，但最后领导会问你一句："那么，你的结论是？"听到领导这样的发问，你也许会猛然一惊，心想："是啊，我说了半天，到底想表达什么呢？"

这样的表达一定是失败的。所以，我们在表达之前，不妨多花些时间，把结论先总结出来，然后将结论作为论点，围绕论点进行表述。

3．归类分组

比如，在讨论会上，领导说："从下个月开始，我们要重点开拓江浙市场，大家有什么想法？"这是一个很开放、很笼统、范围很广的提问，你在头脑中可能很快形成了很多想法，但这些想法零零散散，如果你想到一个说一个，领导肯定会云山雾罩，摸不着头脑，认为你这个人思维混乱。这时，只有将这些杂乱的信息按照一定的维度进行分类，再进行表达，才能让别人明白你的想法。

对信息进行归类分组的维度很多，需要根据具体的问题和要表达的观点来决定。通常来说，分类的维度包括：

时间：第一个月、第二个月、第三个月，过去、现在、将来，等等。

流程：需求分析、调研、设计、开发、装配等。

空间：上海、南京、杭州，华北、东北、华南，非洲、美洲、欧洲，等等。

根据不同的目的，对脑海中杂乱的信息进行分类，这样就很容易厘清你要表达的思路。

4．逻辑排序，将你要表达的内容按照一种逻辑（只能是一种）进行排序

比如，在本案例中，小清在应聘家教的时候，可以按时间的逻辑顺序，建议学生第一个月熟记基础定义，第二个月熟练基础题型，第三个月

强化模拟考试；也可以按照章节的逻辑顺序，建议学生先复习电学，再复习力学，然后复习……。这样都是没有问题的，但是绝对不能说第一个月应该熟记基础定义，然后说先复习电学、再复习力学，接着说要熟练基础题型，这种思路混乱的表达绝对会让家长把你拒之门外。

总的说来，一个人的语言沟通能力是由他的表达思路决定的，要想沟通顺畅，必须要有清晰的表达思路。当你思路不清时，不妨试试这四种方法，相信问题一定能够顺利解决。

结构意识：搭建框架，让你的讲话更有条理

两个人沟通的时候，最尴尬的情形莫过于自己说得口干舌燥、筋疲力尽，却很难把一件事说清楚，对方也没有受到明显的触动。

之所以会出现这种低效乃至无效沟通的情况，是因为人们还没有形成沟通的“结构意识”，使得沟通内容没有逻辑和条理性，让人听得糊里糊涂，很难抓住重点。

某公司的运营部门正在规划一项活动。为了集思广益，部门经理召集了所有员工，请大家踊跃发表自己的看法。

新入职的陆兵觉得这是个表现自我的好机会，他没有多想便举手发言：“我觉得可以从老用户着手做这件事。前两天我看了一下资料，注册用户超过三万人了，这是宝贵的资源啊！有的老用户对我们还是很认可的，我看过他们的留言，发现他们对产品很支持；现在的用户都有微博、朋友圈什么的，我们给他们发一些推荐红包，看看他们是不是感兴趣……”

陆兵还在滔滔不绝地说着，经理却忍不住打断了他，让他再思考一下，把自己的建议整理清楚再告诉大家。

陆兵不好意思地坐下了。这时一位老员工章程起身发言：“我明白小陆的意思。我们确实应当以老用户为主来策划这次活动，具体可以按照拉新—留存—促活—转化的流程来进行。首先是拉新的工作，我们可以设置红包，鼓励老用户在自己的朋友圈、微博推荐我们的产品；其次是留存的

工作……”

章程侃侃而谈，说得经理、同事连连点头。一番发言结束后，经理夸奖道：“章程的方案很有启发性，我觉得大家可以按照他给出的思路去丰富细节……”

对比陆兵、章程两位员工的发言，我们会发现最大的区别就是有没有“结构意识”。陆兵在发言时想到什么说什么，重点不突出，逻辑不分明，给他人造成了接受和理解的障碍。而章程在发言时就注意规避这样的问题，先抛出自己的观点，再按照流程顺序搭建自己的话语结构，每个步骤都很清楚，让人有一种“头头是道”的感觉。

这个案例提醒我们，在沟通中一定要注意“结构问题”，才能把话说得清楚明白，并能够更加轻松地达成沟通的目标。

那么，我们该如何搭建话语的结构呢？首先，我们需要掌握一种最常用的沟通框架——PRES框架。

P——Point（主张）：在沟通时要开宗明义，先说明“我的观点（或看法、意见等）是……”；

R——Reason（理由）：在给出观点后，应当说明具体的理由，即“我的理由（或原因）是……”；

E——Evidence（证据）：为了让人信服，还要进一步举例说明，即“举证据或案例……”；

S——Summary（总结）：最后，需要强调自己的观点，加强对方的印象，即“总之，我想说的是（其实我的意见是）……”。

无论是在工作还是生活中，如果我们想要阐述一个观点，都可以采用这个大框架来组织话语。这样不但能够方便对方理解，还能让自己的思维更加清晰，有助于提升沟通效率。

当然，掌握了PRES框架后，我们还需要在“讲理由”“举事例”的环节搭建好细项的结构，使话语更显层次分明。为此，可以采用以下几种常用的沟通结构。

1. 时间结构

时间结构就是按照时间的先后顺序来组织语言。比如，一位秘书对上司说：“王总，我建议把今天的会议改到后天。因为今天小刘和小齐都要外出办事，无法参会；明天上午您要和客户见面，下午会议室被销售部占用；后天大家都在，会议室也能空出来……”在这段话里，秘书就按照“今天”“明天上午”“后天”这样的时间顺序来讲明理由，上司一听就能明白为什么会议需要改期。

2. 流程结构

流程结构就是按照事情进行的步骤、流程来组织语言。比如，在上面的案例中，员工章程就按照“拉新—留存—促活—转化”的流程，一步一步介绍自己的想法，让听众知道他想要表达的内容，并可以针对各步骤提出相应的建议。

3. 重要性结构

重要性结构就是按照事情的重要程度来组织语言。比如，一位员工在向上级汇报工作时这样说道：“我这次汇报中最重要的内容是……其次是……还有一些不太重要的小问题，但我觉得应当说明……”这样的汇报重点突出，能够给上级留下深刻的印象。

我们可以根据具体的沟通情境灵活选用上述沟通结构，逐渐强化自己的“结构意识”。这样不仅能够促进沟通能力的提升，还能让自己的思维变得更加敏锐、心态变得更加积极。

一致性沟通：根据自己的需要和期望做出反应

我们知道，一般情况下，沟通包含两个方面的信息：语言方面的和非语言方面的。语言方面的好理解，就是你所说的话，也就是你要表达的内容。非语言方面的范围就比较广了，一般是指一个人在陈述的时候，相应流露出的表情、姿态、语调、呼吸频率、肢体动作等。

如果人们的语言信息和非语言信息一致，我们就称之为一致性沟通。但在很多情况下，语言信息和非语言信息往往是不一致的。在与人沟通的时候，我们如果想了解对方真实的想法、情感、态度等，就千万不要只专心致志地听对方的讲述而忽视非语言方面的信息。要知道，这些非语言表达往往反映了人们内心的真实状态。

小敏是一个全职妈妈，丈夫工作稳定，但也比较忙碌，照顾孩子鹏鹏的事情就全落在小敏一个人的身上。照顾孩子看似挺轻松的，但是孩子还小，不仅要照顾他的生活，还要忙于家务，一天下来她疲惫不堪。

刚开始做妈妈的时候，小敏还是很快乐的，看着小宝宝一天一天地成长，那种喜悦之情也许只有做过妈妈的人才能了解。但是后来，随着时间的推移，每天都在重复同样劳累的工作，小敏的身体有些吃不消了，心情也越来越差。

而且，鹏鹏一天天长大，变得越来越淘气了，经常把家里的东西弄得乱七八糟。只要小敏不在眼前几分钟，家里就会变成“大闹天宫”后的情景。小敏只能一忍再忍。有一天，鹏鹏不小心把小敏新买的化妆笔摔坏了。一天的劳累产生的无助感被这件事彻底激发了，她决定好好和孩子沟通一下，让他不要再乱拿东西玩了。

于是，小敏来到孩子面前，轻言细语地说："鹏鹏，以后不要乱拿东西了。你看看，妈妈的东西被弄坏了，没有用的了，还要买新的。而且，你的小手也弄脏了，弄得满脸都是，多难看啊。答应妈妈，以后不要玩妈妈的化妆品了，好吗？"

小敏觉得自己的话柔中带刚，有情有理，也不会吓到孩子，还会让孩子明白，两全其美。但没想到的是，小敏刚说完，鹏鹏"哇"的一声就哭了。

原来，小敏要表达的内容完全没问题，也尽力克制着心中的怒火，但是她却是一脸的愤怒，整个身体所呈现的姿势如同要进行搏斗的猛兽一般。

很显然，小敏没有做到语言信息和非语言信息保持一致，也就是说，没有做到一致性沟通，最终导致了沟通目的的失败。

一致性沟通的概念，最早由美国心理治疗师和家庭治疗师萨提亚在20世纪中后期提出。她在美国家庭治疗史上占有重要地位，甚至被誉为"家庭治疗的哥伦布"。

她将人与人之间的沟通姿态分为五种：讨好型、指责型、理智型、打岔型和表里一致型。她认为，在这五种沟通姿态中，只有表里一致型是有效的，即一致性沟通意味着承认自己内心的情绪，能够很好地表达自己的想法。

在萨提亚的观念里，所谓的一致性沟通，通俗地讲就是在沟通的过程中要关注自己的感受，不带任何评判地接纳自己的感受，同时以一种积极、开放的态度来处理它们，真实地表达出自己的观点、感受和期待。

如何做出一致性沟通呢？萨提亚也给出了方法：

首先要碰触自己的心，了解自己真正的感受和渴望是什么。

其次要做出诚实的选择。

最后是真实地表达自己的感受和渴望。哪怕谈的是矛盾焦点，也要用真诚的心，拿出真诚的态度，就事论事地解决问题。

选择表里一致的沟通时，我们想到的不是苛求胜利，不是控制他人，也不是忽视自我，而是选择成为真实的自己，同时注意兼顾他人的需要、感受和情境的要求、限制，以此为基础来与他人进行接触、沟通连接。也就是说，我们是站在一个既考虑自己又关心他人，同时充分意识到当前情境的角度上，对所面临的问题做出反应。

萨提亚认为，在人际交往中，尤其是与他人搭建关系、建立连接的过程中，一致性沟通是一个很好用的工具。

作为公司的咨询顾问，王先生一向尽职尽责，认真地把控公司每一个可能出错的环节，从大大小小的合同到每一笔财务流水，任何细小的差错都逃不过他的眼睛。

最近，王先生发现了一个问题，老板在财务报账签字的过程中过于草率，有时候连看都不看就把字签了，导致出了好几次问题。王先生觉得，老板应该把签字这件事情重视起来。

一天，王先生看老板有时间，就走进办公室。简单的寒暄过后，他就把签字的问题提了出来，并且得出很严重的结论：如果老板再这样草率地签字，公司将面临百万元处罚的风险。不过，尽管他谈话的内容很严肃，内心也非常重视，但谈话的对象毕竟是老板，是给自己发薪水的人，所以他的语气非常柔和，表情也是温和的，如同在叙述一件非常平常的小事。结果老板仍像往常那样，嘻嘻哈哈，丝毫没有当回事，依然我行我素。

过了一段时间，王先生发现老板还是和以前一样，心中十分担忧，就决定再找老板谈一次。他所说的内容和上次没有太大区别，但是出于强烈的责任心和对严重后果的担心，他一改温和的态度，而是直抒胸臆，严厉中还带有一丝愤怒。

这下老板的脸色也变得严肃起来，认真地听着王先生所讲的每一句话，听完之后几乎出了一身冷汗。后来的结果可想而知，老板对每一张账单都要仔细询问、核对后才签字。

对比王先生两次结果完全不同的“劝谏”，做到一致性沟通的重要性显而易见。做到了一致性沟通，就意味着我们的语言反映的是真实的情形，体现出对于感受的觉察，语言与身体姿势、语调以及内心感受是相匹配的，也就是说与情感一致。这是一种既考虑自己又顾及沟通对象，同时联系具体情境，对所面临的问题做出的反应。

一致性沟通是一种我们在社交时常用的沟通方式，如果选择用这种方式与他人沟通，就必须做到充分地觉察、了解和接纳自我、他人及情境，并为自己负责。当然，这种沟通方式的效果也是非常有效和良好的。

提供安全感，让对方能够畅所欲言

你是不是遇到过这种情况：本来是一场技术研讨会，经过一阵自由讨论，最终却变成了一场“批判会”，部门之间、同事之间相互指责，最终大家不欢而散。

你是否也有这样的感受：当你在和别人聊天的时候，还没有聊到有深度的话题或者还没有说出想说的话，聊天就已经戛然而止了。这时的心理感受，就如同喝酒还没喝到尽兴、唱歌还没唱到高潮就突然结束了，心中总有一种不痛快的感觉。

小可忐忑不安地走进了经理的办公室，因为她十分钟前收到人事部的通知，让她在两点半的时候去经理办公室，说经理要找她谈些事情。

小可在公司是一名普通得不能再普通的职员了，工作业绩虽不突出，但也没有犯过大的错误，而且上班从未迟到过，几乎每个月都是满勤。通常在大会上也没有发言的机会。小可有时候甚至想：经理也许都不知道公司有我这个人。

但是这次经理为什么毫无征兆地把自己叫到办公室呢？小可想到这里，百思不得其解。忽然间，她想到：听邻座的同事说，今年公司的效益不好，亏损了好几百万元；财务部也发出了通知，说这个月的工资要缓发。市场部的同事们则在悄悄议论，说公司正在裁员。

小可想到这些传言，顿时紧张起来，心想：如果裁员是真的，那么自己被裁掉怎么办？自己还有信用卡要还呢。

而且，小可还发现，在自己前面进经理办公室的同事，出来的时候眼中含泪，而且回到自己的座位上就匆忙地收拾着自己的东西。小可猜想她应该是被裁员了。

想到这里，小可心中更不安了，但是既然经理叫自己，总不能不去吧。没办法，小可只好硬着头皮走进了经理的办公室。

经理正在办公桌后面坐着。小可看他满脸怒气，心中不由得紧张起来，心想一定是让自己离职。

经理抬头，见小可来了，就让她坐在了前面的位置上。可能是刚才太生气了，经理本想露出一丝笑意，却显得非常僵硬，看起来非常虚假的样子。

经理开始问小可现在的工作情况，有没有遇到问题，对公司有什么看法，等等。小可心想：不就是裁员嘛，有必要还啰里啰唆说这么多吗？于是便冷冰冰地回答着。经理见小可的态度如此冰冷，脸上的笑容也消失了。

正好他们谈到了之前一个失败的项目，经理就问小可怎么看待。小可这时候有些不耐烦了，就说："我觉得主要是领导的问题吧，领导指挥不当，所以才导致了流程上的失误。"

经理有些不高兴了，就问："难道你们员工没有责任吗？"

"当然没有，我们只是在执行命令而已。"小可也有些生气地说。

这下经理更生气了，当即以那个失败的项目为话题，不断地指出小可当时所犯的错误，当然这些错误也有经理无中生有捏造出来的。小可见受到了指责，心想不就是裁员嘛，我还不怕了，当面和经理吵了起来。

最后，在同事的劝解下，两个人才停止了争吵。小可一气之下，收拾好东西，说声"我不干了"，就走出了公司的大门。

过了几天，小可回公司办离职手续的时候才得知，那天经理把她叫进办公室，是想给她安排一项重要的工作，对加薪升职都大有帮助，但最终却因两个人的争吵而泡汤。

在同事之间、领导和下属之间，讨论过往的项目、分析失误，本是职场中非常正常的事情，但小可为什么会把一件好事变成坏事呢？仔细分析起来，一个重要的原因就是环境。在这样一个令人不安的环境中，小可心中没有安全感，所以就把经理正常的问话当成了指责、质问、批评，最终导致情绪失控。

处在不安全的沟通环境中，一般有两种表现：一种是沉默，另一种是暴力。沉默的表现除了一声不响、不言不语，还有以下几种：对谈话加以掩饰，对问题轻描淡写，逃避所要讨论的话题，有选择地表达自己的观点，彻底退出沟通、对话。

暴力的表现形式也多种多样，比如给人或观点贴“标签”，强迫对方接受自己的想法，用命令的口气和对方谈话，发生争吵，贬低、威胁对方，等等。

在没有安全感的环境中沟通，效果会大打折扣。好的沟通效果需要双方的自由交流，如果一方感受到的是恐惧、害怕、不安，那么沟通就存在障碍。只有营造出足够的安全气氛，沟通的双方才能畅所欲言，即使出现了不同的观点也不会产生抵触的情绪。

沟通是需要气氛的。安全的氛围有时在不经意中产生，而有时却需要特意去营造。我们平时总会说某某情商高、会说话，实际上所谓的情商高、会说话，是因为他们能够营造出让对方感到安全的氛围，能够让对方完全放下心理负担，敞开心胸。

说到这里，也许你会恍然大悟，因为对方缺乏安全感，所以才会导致沟通失败。没错，如果想让你的交流顺利，就要想方设法地为对方营造安全感。

如何营造安全感？

可以反过来设想一下，在你以往的经历中，哪次谈话令你非常舒服，有一种如沐春风的感觉？哪一次自己受到批评的时候却没有抵触的情绪？如果有过这种经历，问问自己这是为什么。

实际上，营造沟通安全感的氛围并不难，只需做到以下几点即可。

1. 相互尊重

尊重是一个抽象的概念，如同空气一样，看不到也摸不着，却能切切实实地感受到它的存在。当两个人交流的时候，如果能够相互尊重，就像共同处在空气清新、鸟语花香的大自然中，心情自然放松而愉悦。如果一旦感到对方不尊重自己，那么必然会产生敌对情绪，沟通效果也将难以保证。

做到尊重，就是需要努力理解对方，站在对方的角度看问题，而不是以自我为中心。

另外，如果在沟通的时候，我们已经做出了不尊重对方的行为，那么一定要及时道歉，消除对方的误解，避免误会越来越大。

2. 同理心

沟通的时候不要总以自我为中心，也要以理解的心态对待对方，去感受他们的内心世界。如果看出了对方不安的情绪，要去安慰、引导，使他们感受到自己的真诚。

3. 寻找共同目的

当谈话双方目的不同时，就很容易出现争吵或无话可说的局面。这时候，应该退一步，重新思考一下自己本次沟通所要达到的效果，再结合对方的想法，寻找或者制造出一个共同的目的，让双方在某种程度上达成共识，对方也会因此放下对抗之心。

4. 澄清本意

在沟通的过程中，对方可能会误解你的某个想法或者举动，从而失去安全感。这个时候，你要立即加以解释，予以澄清，从而消除误解。

5. 诚恳道歉

当你在沟通中做错了事情或说错了话而伤害到对方的时候，应当立即向对方进行诚恳的道歉。

最后，我们一定要牢记一句话，就是当与人沟通的时候，只有营造出相对安全的交流氛围，对方才会对你敞开心扉，畅所欲言，沟通也才有意义、才有效果。

掌握四种倾听手段，了解对方的看法

沟通是两个人或多个人之间的交流，一个人说话不叫沟通，那叫独白或自言自语。因此，我们说沟通是双向的，不是一方单向地传递自己的观点，对方也会表达自己的观点、传递自己的信息。所以，在沟通的时候，我们不仅要表达，还要倾听，倾听对方的观点，接收对方的信息，并给出反馈。

每个人都有嘴巴，但并不是每个人都会表达。同理，每个人都有耳朵，但并不代表每个人都会倾听。倾听是一种艺术，也是一种技巧。许多人正是因为不善于倾听、不会倾听，从而导致对他人产生误解，惹出了许多麻烦。

旭旭是一位美术设计师。她所在的公司将设计部分为两个组，每当接到甲方的需求时，经理便让两个组同时出设计方案，然后选出优秀的方案提交。

这一天，公司又接到一个甲方的宣传品项目。旭旭用心设计了一张海报并交给了经理。领导们在讨论过程中产生了很大分歧，有的倾向于旭旭，有的则倾向于另一个组。最终，经过投票，公司决定将另一个组的设计交给甲方。

经理其实非常倾向于旭旭设计的海报，但是对于投票的结果他也没有反对，只是对旭旭多了一丝遗憾。他决定安慰一下旭旭，同时打算让她将海报修改一下作为公司的宣传资料。

经理来到旭旭面前，说：“我看了你设计的海报，你的想象力很丰富，很有想法。”

旭旭当然也知道最终的结果，心中十分委屈，她感觉自己的作品非常有创意，而另一组的则要平淡得多。当经理来和她谈话的时候，她仍然沉浸在不服气的情绪之中。

听到经理的话，旭旭没好气地说：“没错，我想象力的翅膀带我飞得太远了，飞到了外太空，飞到了宇宙的边际。”

经理听了感到莫名其妙，只好接着说：“你的作品很不错，只是在细节上与甲方的需求有小小的偏差……”

没等经理说完，旭旭打断他说：“细节决定成败，差之毫厘，谬以千里，这些我都懂。甲方的需求？呵呵，和让做一个五彩斑斓的黑有什么差别？”

经理感到很惊讶，心想：今天这个姑娘怎么了？不过，他还得把话说完：“其实，我只是想说，你的海报只要稍改一下……”

旭旭再次没等经理把话说完，就打断说：“不会的！我们不能为打翻的牛奶而哭泣，既然已经被淘汰了，修修补补又有什么意义呢？”

经理还想说些什么，但感觉说不出口，只好打消了最初的想法，转身走了。

现实生活中，我们在与他人沟通时，常常会像案例中的旭旭一样，只顾着自己的想法和感受，而未能真正听出对方在讲什么。尤其是当我们听到批评、指责之类的话语时，总是停留在这些话语的表面，第一反应就是辩解或反驳，而不去思考对方在话语背后所表达的情感和想法。

许多人在沟通时，并没有耐心分析别人讲话背后所要表达的情感和想法，这是社会发展的结果。不可否认，当前快节奏的生活以及内卷所带来的激烈竞争，使人们的精神压力增加。时间一久，人们的性情也会变得急躁，逐渐失去倾听的耐心，更喜欢自我表达、直言快语、情绪宣泄。以至于有的时候，对方刚一开口，我们便先入为主，以十分武断的口气表达自己的观点。

这样的交流，表面上还是两个人在对话，实际上是鸡同鸭讲、各说各的，只是两个人各自的独白而已。这样的对话，好像各自都达到了自己的目的（表明了自己的观点），但实际上你的想法根本没有得到对方的认同，沟通也失去了意义。

所以，当我们在沟通时，无论对方说什么，哪怕是责骂，也要保持冷静，仔细倾听。了解对方真实的情感和想法后，再陈述自己的观点。

商业大亨富卡曾说过："上苍给了我们两只耳朵，却只给了我们一张嘴，是有原因的。我们应该多听少说。"在历史上，有很多因为善于倾听而成功的人。在我们身边，因为善于倾听而顺利办好事情的案例比比皆是。

小美的姥姥年纪大了，身体越来越衰弱，洗衣、吃饭等日常活动都需要别人的帮助。姥姥只有小美的妈妈一个女儿，而妈妈嫁得很远，两家相隔千里，来往非常不方便。为了照顾姥姥，小美的爸爸和妈妈曾经商量，想把姥姥接到家里来住。但是姥姥却习惯了住在乡下，对家乡有着深深的依恋，只想在家乡度过自己的晚年。

妈妈和爸爸再三考虑后，觉得把姥姥送到当地的养老院最为妥当。他们早已考察过当地的养老院，环境非常好，工作人员也非常热情，服务周到，而且离医院非常近，生活非常方便。

然而，爸爸和妈妈对姥姥说了好多次，姥姥就是不肯搬到养老院。起初两个人以为姥姥是担心养老院的条件，便特意带姥姥参观了一番。姥姥也感到很满意，但回来后还是没有搬的意思。

爸爸妈妈非常着急，老人家一个人在家，手脚不便，万一出了意外怎么办？暑假到了，小美决定亲自去姥姥家看看。姥姥家在一座小山脚下，依山傍水，环境优美。小美在姥姥家的时候，也没有直接全力劝说，每天只是帮姥姥干些活，闲暇的时候，就搬个小板凳坐在姥姥的椅子旁，听她唠唠叨叨地说话。这些话多数也没什么特别的意义，而且是想到什么说什么，既没有逻辑性，也不连贯。但小美总是静静地听着，没有一丝不耐烦，也不时地应和着。

姥姥讲话的时候，总是不时提及屋前面的那些花花草草。每次提及，姥姥总是带着无限的惋惜。小美后来向妈妈打听，才知道姥爷原来是植物学教授，一生研究各种植物，也喜欢种植各种植物，甚至把家当成了实验场所，经常在屋子前种些花草。姥爷去世后，姥姥将姥爷的这种习惯保留了下来，作为一种纪念方式。

小美这才恍然大悟，立即来到养老院协商。养老院同意专门开辟一小块地，让姥姥种些花草。小美把这件事告诉姥姥后，姥姥便同意去养老院了。

这也许就是倾听的力量吧。与高谈阔论相比，倾听也许是朴实无华的，但朴实的往往是最自然的、最真诚的，也是最能打动人心的，最能抵达心灵深处的。当你认真倾听别人谈话时，对方会觉得你尊重他，愿意和你进行推心置腹的交谈，因此也愿意把自己真正的想法告诉你，你则可以从中得到最真实、最想要的信息。

倾听的好处妙不可言，然而并非每个人都会倾听。我们前面说过，倾听是一种技巧，只要掌握了方法，也能像那些高情商人士一样，成为一名优秀的“听众”。

1. 不要随意插话

在倾听时，一定要避免不必要的插话。一旦被插话，对方的思路就很可能被打断，甚至会忘记想要说的内容。不必要的插话一般有两种：一种是打断别人的讲话，使谈话中断；另一种是随意岔开话题，将话题引向别处。这两种形式我们都要加以避免。即使对方的观点与你完全相反，甚至是错误的，在不必要的时候，也不要打断他。因为你倾听的目的是去了解他的真实想法。了解不等于认同，至于如何应对他的观点，那是倾听之后的事情。

2. 要做到积极回应

正如本节开头所说，沟通是双向的，即使你在仔细地倾听，也不要把这当成对方的独白，在适当的时候要有所回应，以便让他的表达继续下去。回应最好少用言语，因为很容易造成插话而打断对方的思路，可以更多地用无声的语言，比如手势、表情、姿势等。在对方谈话时，一个会心的笑意，一个称赞的手势，都能让对方感到你的回应。

3. 能够总结描述

当谈话进行到一个阶段时，我们要给自己留出十几秒的时间，在心里回顾一下对方刚才的话，删繁就简，保留重点，总结核心观点。如果能够总结出对方表达内容的核心，那么就说明自己已经了解了其观点。

4. 进行必要的引导

在倾听时，我们一定要保持高度的警惕，一旦对方出现迟疑，或者怀疑你没有听他讲话时，应立即加以引导，比如“这个做法真不错，那么结果如何呢”等等。

以上就是比较常用的四种倾听方法。在日常与人沟通时，我们可以进行尝试。通过倾听，我们才能真正了解对方的看法，并做出适当的回应，以达到沟通的目的。

面对困境，多用“能动性话语”

在与人相处的时候，最怕发生什么事情呢？没错，最怕的事情就是，刚刚还其乐融融，当提到某个话题或者说了某句话之后，突然一下子安静下来，空气如同凝固了一般，让人窒息……

与亲戚、朋友、同事，甚至是陌生人聊天、沟通、交谈，在人们看来，似乎总是一件很愉快的事情。事实上，大部分情况也是这样。但也有一些例外，就是他们在聊天、沟通、交谈的时候遇到了困境，或者进入“尴聊”状态，也就是“把天聊死了”。

某公司的人事部是由六个姑娘组成的小团队。她们虽然来自天南海北，但由于年龄相仿，都是刚刚毕业三四年，并且兴趣相近（如唱歌、逛街），因此关系非常密切。在公司，她们是友好合作、密切配合的好伙伴；私下里，她们是趣味相投的好姐妹。

人事部的日常工作并不是太繁忙。她们的办公区处于一间独立的屋子，关上门，这里就是公司一个独立的“自由王国”。工作闲暇时，这间小小的屋子就成了“快乐大本营”和“奇葩说”的舞台，她们天南地北无所不谈，时常因为笑声太大而被外面经过的领导敲门警告。

这一天，几个姑娘又像往常一样快乐地谈论起来，明星绯闻、影视剧情，以及身边的奇闻逸事，无所不说。尤其是谈到网络上的“狗血”事件时，更是激动万分。

“你看设计部的小花，又瘦又小，样貌平平，竟然也有人追！”

“说到小花，我忽然想起来了，她的男朋友也够浪漫的，有一次竟然在母亲节给小花送了一大捧鲜花过来，还误送到了老板的办公室。这也就罢了，巧的是咱们老板还是个女孩子。当时老板的表情，哈哈哈……”

“哈哈……”大家也跟着笑起来。可是刚笑了两声，突然间都停止了，因为有一个姑娘正瞪着眼睛、怒气冲冲地看着大家，眼睛里还有委屈的泪水。大家这才想到，这个姑娘的男朋友也曾把花误送给女老板，笑声一下子就停止了，尴尬地僵在那里。好半天大家都不知道说什么好，手足无措地坐在那儿。

幸好，这时候有个员工进来办事，大家才松了口气，各自做各自的工作去了。不过这种尴尬过了半个月才缓解。

类似的事情你是否也遇到过？如果没有，那么恭喜你，没有感受过那种令人窒息的尴尬。当然，刚才提到的案例只是沟通交流中遇到的困境之一，这些困境种类繁多，可以说是无处不在、无奇不有，经常在你毫无防备的情况下出现。

比如说，你的邻座来了一位新同事。你作为老员工，兴致勃勃地打招呼：“你好，你叫什么名字？来自哪里？住的地方离公司远吗？”新同事出于礼貌，一一回答之后，你忽然觉得没有问题可问了，也没什么话可说了，只好和新同事面对面尴尬地看着对方。

再比如说，你上班迟到了，急匆匆赶往公司。在进入电梯时正好遇到了领导，你觉得应该打个招呼，于是说：“经理，您也迟到了啊？”领导听了，不清楚你是在挖苦他，还是在同情他，所以也不好回答你。于是你们两个人只好尴尬地待在电梯里。

为什么在社交过程中会遇到困境呢？原因可以大致归结为以下几点。

1. 口误

口误就是说错话，而且这种情况完全不是发自内心的，也是完全没有预料到的。然而，尽管最后的结果是你所不愿看到的，但也实实在在地发生了。

2. 害怕伤害对方

有人把冷场的发生或想打招呼却无从开口的现象归结于没有话题，实际上并非如此。话题多如牛毛，可以信手拈来，但为什么不能说呢？无非就是怕话题不合适，伤害到对方。正是因为存在这种顾虑，所以面对他人时说不出话来。

3. 触碰到了对方的“禁区”

很多时候，你说的话让人感觉不舒服，导致别人不想继续与你交流。为什么呢？一个很重要的原因是对方感觉你在触碰他的“禁区”。比如刚见面时，你就迫不及待地想了解对方，就像查户口似的问个不停——你是哪里人？今年多大了？属什么的？什么星座？有生活照吗？发我一张——这种行为会让对方觉得不回复显得没礼貌，回复吧又不愿意，只能冷淡地回应，最终造成冷场。

4. 没有聊到对方想要聊的内容

比如，恋爱中的男女坐到了一起，女方想通过这次交谈了解一下对方父母的意见，但男方总是说自己工作中的事情，女方自然没兴趣听，只能敷衍应答，一副心不在焉的样子。男方说得越起劲，女方就越敷衍。一旦男方发现对方没有兴趣听自己说话，也必然会像泄了气的皮球一样，没了谈话的激情，最终以冷场结束。

沟通中的困境多种多样，原因各不相同，以上也并非全部。我们寻找造成沟通困境的原因，最终还是为了找到打破社交聊天中尴尬局面的良策。那么，到底有没有这种良策？如果有，这种良策又是什么呢？

我的回答是“有”，而这种良策就是使用“能动性话语”。

什么是“能动性话语”呢？它与“被动性话语”相反，即不再被动地弥补“漏洞”，不再理会刚才的尴尬局面，而是主动出击，突破当前困境的局限，开辟出新的天地。

1. 话题转换

这是一个在绝大多数情况下都能够摆脱沟通困境的方法。当出现“冷场”的情况后，你可以迅速地转换话题，继续谈论别的事情。当然，如果你认为转变得太快，别人会不适应、反应不过来，这里还有一个方法，就是关键词转换。在出现“冷场”之前的话语里，找出可以作为新话题的关键词，再根据这一关键词展开发散或联想，找出合适的话题。

比如在人事部六个姑娘忽然“冷场”的案例中，如果有聪明的姑娘可以从她们大笑的前一句话中寻找关键词，比如女老板，以这个词展开想象，然后开始新的话题，那么这个尴尬的场面就被打破了。

2. 真诚、直接地赞美或陈述

比如，当你热情地和新同事打招呼，但对方却认为你侵犯了他的隐私而“冷场”的时候，你不妨直接说：“你的背包真漂亮！”当然，这些话语必须建立在事实的基础上。

3. 以退为进

当交流处于沉默状态时，也许正是提出结束沟通的时机。当然，退出也不是不言不语转身就走，你可以说：“很高兴能和你交流这么长时间，希望很快能有机会再次见到你。”这样不着痕迹地退出，也能摆脱困境。

总而言之，人是具有主观能动性的，我们不是木偶，当遇到沟通困境时，不应该被动地等待，而是应该尽量选择那些“能动性话语”，将大家从沟通困境中解脱出来。

第二章

灵活表达，掌握“外圆内方”的职场沟通术

善用“请教式提问”，获得领导的认可

法国著名文学家伏尔泰曾说：“判断一个人，不是看他如何回答问题，而是看他能提出什么问题。”

身处职场，无论你是普通员工还是中层领导，都会遇到向领导提问的时候，比如：

当客户提出的要求超出自己的职责范围时，需要向领导请示；

当公司部门之间的协作出现问题时，需要向领导请示；

当领导给你安排了一项任务，而你对任务不太理解时，也需要向领导请示；

…………

这些提问在职场中最为常见。然而，千万不要因为这些问题常见、普通而等闲视之。要知道，你请示的方式关系到你在职场上能走多远。如果请示的方式正确，会让领导认为你是个可造之才，进而加大力度培养；如果不能正确请示，则会让领导感到厌烦，不是觉得你没有处理问题的能力，就是认为你不会办事。

李庆刚刚大学毕业，以实习生的身份进入了一家公司，担任市场部经理助理的职务。李庆头脑聪明，而且口才很好，因此深受市场部经理王胜的信任，王胜打算把他作为重点培养对象。

一天，王胜谈了一个客户，虽然合同都已准备好，就差签字了，但因为对对方不是十分了解，而对方又急于合作，心中总有些不踏实，于是就

借口需要外出，让李庆留下陪客户吃午饭，顺便探听下虚实，然后再做决定。

李庆是个聪明人，立刻明白了领导的意思。所以他在吃午饭的时候百般献殷勤，深得客户的好感，并乘机套出了客户的底细。

原来，这家客户最近在资金上出现了一些问题，所以打算将厂里的原材料以成本价卖给王胜所在的公司，以便缓解一下资金的压力，渡过难关。而通过考察，在当地也只有王胜所在的公司有这么大的实力一下子收购这么多原材料。为了尽快达成合作，收到资金，所以价格才低于市场价很多。

李庆听完，觉得这是个好机会，这批原材料不仅是公司急需的，而且过一段时间价格必然会上涨。他担心客户反悔，就拍着胸脯保证说：“放心，这些原材料我们收购了，就按您说的价格。您先把合同签了，我再让我们经理签字。”

客户非常高兴。李庆也高兴地来到王胜的办公室，向他汇报了客户的情况。王胜很高兴，拍着李庆的肩膀说：“小伙子做得不错，值得培养。走，我们去见见客户，把合同签了！”

李庆说：“我就知道您会同意的，已经让他们把合同签了，就等您签字了。”

李庆说完，就把合同递了过去。他忽然发现王胜刚才还非常兴奋的笑容一下子就不见了。虽然这次合作顺利达成了，合同也顺利地签了，但是从那以后，李庆明显感觉到王胜对自己的态度变了很多，再也没有交给他重要的事情去做了。自然，“重点培养”更不见了踪影。

在职场中，有一个事实不得不承认：那些表现出色、从不需要领导指点的员工并不一定会得到认可和重用，领导甚至可能不喜欢他们。为什么会这样呢？一个很简单的原因是，在这类员工面前，领导无法展示自己的出众能力。领导的能力虽然有大小，但他们在任何事情上都希望能自己做主。

与之不同，那些隔三岔五犯些小错误，却愿意向领导请教的员工，很容易获得领导的认可并得到重用。其中的主要原因在于，他们给领导预留了指导的空间，让领导在他们面前有成就感。等事情办成功了，领导自然会被戴上“指导有方”的桂冠，而员工也会自然而然地受到奖赏和重用。

所以，如果员工想要获得领导的认可，不妨采用请教式的提问。这样既能让领导获得“人师”的满足感，自己也能得到领导的认可，两全其美。

刘萌萌是一位名副其实的“海归”。从国外回来后，她在一家跨境电商企业任职。由于有海外教育背景，她在业务开展上非常顺利，业绩也直线上升，这让她的直属上级赵经理感到十分不安。赵经理虽然业务能力也很强，但他只有中专文凭，外语也不太好，完全是靠自身的努力才获得了这个位置，因此他始终觉得刘萌萌对自己是个威胁。就在刘萌萌进公司不久，赵经理对她说：“小姑娘，好好干吧，前途无量，早晚会坐在我的这个位置上。”

刘萌萌非常聪明，听出了赵经理的弦外之音，所以在工作上一直保持低调。在平时的业务交流会上，刘萌萌虽然有很好的建议，但她总是话说三分，点到为止，让赵经理来说接下来的七分，这让赵经理感到非常高兴。

在工作中，刘萌萌发现公司研发的跨境电商平台存在一个问题，问题不大，只要和技术部的负责人说一声，半个小时就能够解决。但是刘萌萌并没有自作主张，而是决定让领导来定夺。

不巧的是，赵经理正好在外地出差。刘萌萌就先发了一条短信过去，问他有没有时间，等有时间的话向他反映一个问题。

此时，赵经理正在主持一个重要的会议，自然没有时间接电话。不过，他觉得问题应该比较重大，所以会议一结束，他顾不上吃饭，就给刘萌萌打电话询问发生了什么事情。刘萌萌把自己发现的问题告诉了他，并问是否需要请技术部来解决。

赵经理听完，悬着的心终于放下了，会心一笑，回答说：“小刘，刚才你发信息的时候可把我吓坏了，以为出了什么大事情呢。这么小的问题，你自己做主就可以了。”

打这件事情之后，赵经理对刘萌萌的态度发生了根本性的转变，开始热心地指导她，还主动将一些重大的决策权下放给她，使刘萌萌有了更多的机会来锻炼才能。

刘萌萌成功地通过请教式提问，赢得了赵经理对自己态度的根本转变。在与领导沟通时，即使有了好的想法，我们也只说一半，然后用请教式提问的方式让领导说出后面的关键部分，这样就给足了领导的面子，领导自然也会更加重视你。

掌握6W3H方法，抓住汇报的重点

“周五了，今天又要开周会，和领导做汇报了。唉，真烦。”

“转眼又月底了，我还没想好怎么向领导汇报这个月的工作情况呢。哎呀，真的好头痛啊！”

…………

如果你久经职场，一定不会对上面的言语感到陌生。没错，身处职场，汇报是一个不可避免的话题。而一提到汇报，许多人的内心都会充满恐惧，它似乎也成了许多职场人共同的噩梦。

既然大家这么不喜欢汇报，为什么不取消它呢？实际上，汇报是工作流程中非常重要的一个环节，它不仅关系到个人的业绩考核，也关系到领导对个人的评价。不过可惜的是，这么重要的事情，很多人却丝毫不把它放在心上，或者觉得它很枯燥无聊。

比如，领导让你汇报一下项目的工作进度，很多人都只是简单地回复：“已经完成了。”或者说：“已经完成了一半，如期完工不成问题。”这种回答看起来没有什么问题，领导如果不追问的话，也就算应付了过去。你觉得自己轻松地混过了一关，实际上却失去了一个上升的良机，也失去了让领导认可你的机会。

完成一项工作，你没有遇到过困难吗？每天都是轻轻松松的吗？恐怕不是吧。为了这个项目，你可能需要经常熬夜加班，没有时间照顾家人，没有时间和同学朋友聚会，甚至还需要低声下气地求助他人，最终才能完成。为什么当领导问你的时候，你却只说了“完成了”如此简单的三个字呢？

你以为领导了解项目的所有情况吗？你以为他们知道你为这项工作付出了多少心血吗？他们并不清楚。而你轻描淡写地说一句“完成了”，在他们看来，这项工作对你来说并不复杂，如期完成也是理所当然的，因此他们很难认可你的辛苦。

很多人能力出众，但因为不善于汇报，即使做出了十分的贡献，领导也只能看到五分。

有的人能力一般，却很懂得汇报，虽然他只做出了五分的贡献，领导却认为他做了七分。

仔细想一下，你也许就明白了为什么明明付出了很多，却得不到领导重视的原因。

所以，身处职场，一定要重视汇报。

那么，正确的汇报方式应该是什么样的呢？其实很简单，利用6W3H方法，把重点说清楚就行了。

何为6W3H呢？

W——Why：为什么要做这项工作（项目）；

W——What：具体要做的工作有哪些；

W——When：什么时候开始进行；

W——Where：在哪里进行；

W——Who：谁来负责；

W——Whom：关联方（协助方）都有哪些；

H——How：具体是如何执行的；

H——How much：花费了多少成本；

H——How long：需要多长时间能够完成。

王畅是一家高科技公司的技术总监，主要负责研发通用型财务报表软件。又到了周五，他准时来到会议室，向领导汇报一周的工作情况。

作为典型的“理工男”，王畅开门见山地说：“各位领导，我下面简单介绍一下我们部门本周的工作情况。上周，我们收到了六家客户的反馈，指出新上线的APP交互界面不太好用，主要问题集中在：字号太小，难以看清；登录系统输入账号密码时软键盘默认为中文状态，不符合日常习惯；开屏页面过多，等待时间过长。为此，我们与领导商讨后决定，重新优化APP的交互界面。（Why）

“优化的具体内容主要包括：1.加大文字的字号，并进行用户测试反馈；2.将登录系统输入账号密码时的软键盘默认文字改为英文状态；3.原来的开屏页面为四屏，现在缩减为三屏，且每屏的展示时间缩短为两秒；4.为了提升响应速度，将首页资讯由原来的三条减少为两条。（What、Where）

“这项工作周一上午正式立项，下午正式启动。主要由技术部负责，我是负责人。其间，得到了美工部和文案部的协作。（When、Who、Whom）

“我们于周一下午进行了具体分工，并协调文案部对新闻资讯进行了优化更新；协调美工部，制作三屏开屏图片，文字由文案部负责；周二正式开始优化交互界面细节，当天完成了字号的调整工作……截至目前，整个工作进度已经完成了百分之九十，预计下周一完成交互界面修改，周三至周四为测试阶段。如无问题，周五正式上线。成本均为员工人工成本，没有额外支出。”（How、How long、How much）

王畅的汇报采用了6W3H方法，使汇报重点突出、条理清晰。领导听完后，不仅了解了项目的进展情况，也对王畅的工作有了全面认识。可以说，汇报的目的达到了。

6W3H方法是向上级进行汇报时可以采用的一种非常简单实用的方法。使用这种方法时，还需注意以下几点：

1. 简明扼要

用精练的语言概括项目的来龙去脉，让领导对项目有一个大致了解，并知晓项目的当前进度和工作重点等。

2. 实事求是

不要人为地渲染或夸大事实，不要带着邀功的心态，不要极力强调工作的难处。相信领导会客观地看待这件事。

3. 详略得当

对影响项目的关键点或领导最关注的部分要详细汇报，其他部分可以简略带过。

4. 切忌报喜不报忧

在工作中难免会出现一些失误，向领导汇报时一定不要隐瞒，如实汇报，并勇于承认自己的错误。

在职场中，一个人的发展前景与领导有着密切的关系，而与领导沟通的最佳机会就是汇报。在汇报过程中，你不仅可以了解领导的关注点，还能让领导了解你的工作和能力。因此，无论你之前是否讨厌汇报，从今往后一定要重视起来，让它成为你职业发展的铺路石。

掌握“回应公式”，得体回复领导表扬

如果被问起在职场中什么事情最值得高兴，得到领导的表扬无疑是其中之一。不过，受到领导的表扬高兴归高兴，但是也一定要注意回复方式。如果你的回复不得体，不仅会让表扬效果大打折扣，甚至还可能得罪他人。

周三的下午，办公室里一片忙碌的景象。这时，总经理走了进来，在员工的座位间走来走去。看到每一位员工都在努力工作，他心中感到十分欣慰。

他走到了张鹏和李建的座位旁，他们两个是设计部的员工。前几天，全市举办“五一劳动节美术作品展”，两人合作了一幅国画《星光不问赶路人》，没想到获得了二等奖，为公司赢得了荣誉。

张鹏发现总经理在他们背后站着，便赶紧站起身来，向总经理问好。总经理微笑着走到他们跟前，说：“你叫张鹏吧？”

“是的。”张鹏回答。

“嗯，很好。”总经理拍了拍张鹏的肩膀，面向众人说，“张鹏最近的表现非常不错，不仅工作认真，设计出来的作品也很有创意。尤其是最近的一幅作品还在市里获得了大奖，值得表扬！”

大家听到总经理表扬张鹏，都纷纷鼓起掌来。这一下子倒让张鹏有些不好意思了。他红着脸，小声地说：“谢谢夸奖。”然后就站在那里。

总经理听完，脸上的笑容有些不自然了，很明显，他还等着张鹏接着

往下说呢。但是他发现张鹏没了说话的意思，就拍了拍他的肩膀，让他坐下。转眼总经理看见了坐在旁边的李建，又拍了拍他的肩膀，说：“还有我们的李建，和张鹏一起完成了获奖作品，同样值得表扬。”

大家又是一阵鼓掌。李建赶忙站起来，说：“非常感谢总经理对我的赏识，这一切成果都是因为总经理慧眼识珠，把我们的作品推荐了上去。如果没有总经理的青睐，也就没有我们的荣誉。”

李建说完，总经理的脸色马上就变了，然后转身离开了办公区。很快，张鹏和李建就发现，同事看他们两个人的眼光也变了。

不过，张鹏和李建还是丈二和尚摸不着头脑，不知道为什么总经理会生气，同事们会对自己冷淡。问题到底出在了哪里呢？

实际上，问题出在他们对总经理表扬的回应上。

先说张鹏的回答。不用说是回应领导，即使是回应普通人的夸奖，这样也未免过于简略了。我们不妨进行一下换位思考，假设你是总经理，当你表扬下属时，对方只回了一句“谢谢夸奖”，你心里做何感想？

李建受到领导的表扬后，对领导表示感谢本无可厚非，但是他的回应却很容易让人产生误解：他之所以获奖，是因为总经理特殊“照顾”的结果。有了这种印象，也难怪同事们会疏远他们了。

看了这个案例，你是否突然感到心有余悸，担心受到领导表扬后回应不当会产生适得其反的效果？其实，大可不必担心。回应领导的表扬并不需要高深的知识，也不需要对人情世故有多么深的了解，只要掌握几个回应公式，基本上就能轻松应对领导的各类表扬。

1. 和领导独处时受到表扬

比如，办公室里只有你和领导两个人，或者外出时恰好和领导乘坐同一辆车，你们在聊天的时候，领导突然说：“最近看你的工作状态非常优秀，尤其是前几天协助运营部门处理了客户投诉的问题，解决得非常圆满，值得表扬。”

一般情况下，这种场合的表扬，领导都是真心实意的，既是对你工作的肯定，也是一种鼓励。这时候，你的回应公式应该是这样的：

感谢+表态+拉近距离。

感谢是礼节，可以说多谢领导的肯定和鼓励之类的话；然后是表态，比如一定会继续努力、一定会再接再厉等；最后是拉近距离，比如说“今后还请领导多多指导”之类的话。

2. 当着同事的面夸奖你

在这种场合，如果领导表扬你，一般有两层意思：一层是表扬你；另一层是说给员工听的，给他们树立榜样，要他们向你学习。

这时候你的回应要兼顾到领导和同事两个方面。如果只顾及一方，很可能会引起另一方的不满。这时候，你的回应公式应该是这样的：

感谢领导+感谢相关的人+表态。

感谢领导永远是必要的，但不要像案例中的李建那样过于露骨，否则会给人留下“马屁精”的印象；感谢相关的人，比如对帮助你实现目标或参与项目的同事给予赞扬，话语要简单一些，不用讲具体细节，在这种场合提到名字就是一种认可；这时候的表态一定不要只是表自己的决心，应该尽量拉上在场的所有人。比如说，“我们设计部团队一定会继续努力的”“为了实现年终计划，我会和大家一起加油的”等等。

以上就是在职场中遇到领导表扬时两种比较经典的回应公式。当然还有许多类似的公式，大家可以根据具体的场合和实际情况加以选择使用。

1. 感谢+告知计划

比如可以说，“谢谢领导的肯定和同事们的协助。下一步，我将与同事们进一步密切合作，完成开拓海外市场的任务”。

2. 感谢+不足

比如可以说，“感谢领导的肯定，但我知道自己在细心方面还有些不足，今后我一定会努力改正，争取更大的成绩”。

3. 感谢+谦辞

这样可以给人谦虚的感觉，不会给人留下骄傲自满的印象。比如可以说，“感谢领导的夸奖，其实我只是做了分内的事情而已，相比大家所付出的努力，我的这些工作不值一提”。

4. 感谢+调侃

如果你和领导私下的关系比较密切，而且又是在非正式场合，当领导表扬你的时候，你可以用这种公式。比如可以说，“感谢领导的肯定，不过说实话，您的表扬我爱听，以后可以多说一些哦”。

以上就是一些比较经典的回应领导表扬的公式。不过，无论使用哪种公式，感激之情都应该是真诚的、发自肺腑的。面对领导的表扬，我们应该做到不炫耀、不贪功、不卑不亢，更不能对领导溜须拍马，也千万不要因为领导的夸奖就飘飘然起来。

最后，我们还要记住一点，无论什么时候，面对任何形式的表扬，扎实地做好自己的本职工作才是最重要的。

活用“yes...and”，引出自己的想法

在职场沟通中，很多人都有一种不好的习惯：在别人陈述自己的观点时，他们会直截了当地说“no”，接着迫不及待地说出自己的想法，试图纠正对方。

然而，这样做会让对方感觉很不舒服，有时还容易引起争执，严重影响工作任务的正常推进，更会让团队氛围变得不和谐。

不妨来看看下面这两个场景。

» **场景A**

下属来到领导的办公室，就自己发现的问题向领导提出了建议。下属还未说完，领导就不客气地打断了他：“这个问题又不在你的职权范围内，你管那么多干什么，自己的工作做好了吗？”

下属被领导一番训斥后，面红耳赤，十分羞愧，离开办公室时，他这样想：“以后我再也不会发表什么意见了。”

» **场景B**

同样是下属给领导提建议，这一次领导通情达理，他笑眯眯地对下属说：“小马，你提的这个问题很关键。你能想到这件事，说明你对工作很用心，我对你的态度非常满意。”

接下来，领导很自然地补充道：“你能不能把这个问题细化一下，想一想具体的解决办法，再来和我探讨，你看可以吗？”

下属明白了领导的意思，知道自己提的建议过于空泛、不够具体。但领导之前的夸奖让他非常高兴，所以他也能够接受这个意见。离开办公室的时候，他面带笑容，决定认认真真地做一份方案，回报领导对自己的器重。

在场景A中，领导在沟通时没有耐心，也没有表现出对下属足够的尊重。下属还没说完，他就急着说“no”，从而伤害了下属的感情，打击了他的工作积极性。

而在场景B中，那位领导则采用了先接纳再提议的做法，巧妙引出了自己的想法，也不会让下属觉得难以接受。这样的做法被称为“yes...and”技巧，是一种非常简单也很有效的沟通技术。

“yes...and”技巧可以分为以下两部分。

1. 表现出接纳的态度

无论对方所说的观点你是否能够完全认同，都应当先用心聆听，理解他的用意，并要表现出接纳、支持的态度。这能够创造一种“安全”的沟通氛围，可以避免很多不必要的争执。

2. 添加新的信息

在表现出接纳后，我们可以自然地表达自己的想法。因为有了之前的感情和氛围铺垫，对方更容易理解并接受我们的想法。

比如，一位同事提议晚上聚餐，我们不应该直接否定说：“工作了一天，我太累了，不想去。”而是可以这样对同事说：“我也有这个想法，咱们确实很久没聚过了，不如把时间定在周末怎么样？”这样同事就会开始思考你添加的新信息“把聚餐时间改在周末”，不会因你没有答应他的提议而感到不快。

这就是“yes...and”的魅力所在，我们可以在各种沟通场景中灵活地运用这种技巧，但是要注意把握好以下几点。

1. 不要把“yes”等同于全面肯定

“yes...and”技巧中的“yes”指的是一种接纳、包容的态度，而不是必须全面认同、肯定对方的观点，可以理解为“我不能完全认同你，但是我理解你”。

比如，一位同事在会议上做了糟糕的发言，还想问问我们的看法，这时我们不妨这样说：“我觉得你的发言内容比较充实，说明你做了大量的准备工作；如果你在结构方面进行调整，分点叙述的话，效果就会更好。”

在这里，我们并没有全面肯定对方，而是指出了对方的发言有结构不清楚的问题，但因为采用了“yes...and”技巧来“包装”语言，会显得更加中听。

2. 不要忽略“and”后的内容

采用“yes...and”技巧时，容易遇到一种阻碍，即有些人只表示出接纳的态度，却不贡献信息增量，不提出建设性的意见。这对解决问题没有帮助，还会让沟通无法进行下去。

比如，同事询问我们：“这个方案你觉得怎么样？”我们回应一句“挺好的”，就没了下文。因为没有添加新信息，沟通只能戛然而止，同事也会觉得很不满意，会认为我们是在随意敷衍。所以，一定要注意避免这种情况。

3. 不要混淆“yes...and”和“yes...but”。

这两种沟通技巧看上去相似，意义却相差甚远。“yes...but”可以用在拒绝他人的时候，能够起到调节氛围的作用，使对方不会感觉过于尴尬。但“yes...but”的实质还是在说“no”，对方感受到的是明确的否定态度。

如果我们只是想提出自己的意见并希望对方接受，还是应当多采用“yes...and”，这样能够增进彼此的了解，有助于开启有效合作、激发内在共鸣。

巧踢“回旋球”，委婉对同事说“不”

良好的同事关系有助于工作的开展和事业的发展。然而，在职场中，我们经常会遇到各种各样的同事关系问题，从而影响工作的进行。在这些问题中，最常见且最让人头疼的，就是当同事有求于你，而你又无法帮助他时，你该如何拒绝他。

有人会说，这还不好办，直接拒绝呗！这样的做法虽然直截了当、干脆利落，但必然会影响你们之间的私人感情，工作上的正常合作也会受到波及。

王先生毕业于美国耶鲁大学，在美国硅谷有着十几年的技术和管理经验。因为家庭原因，王先生决定回国发展。正好国内一家大型民营企业需要这样的人才，老板邀请王先生加入，并让他成为公司的高管之一。

王先生是个事业心很强的人，他认为老板对他有知遇之恩，于是兢兢业业地工作，一心想把公司的业绩提升上去。然而，仅仅一个月后，王先生便打起了退堂鼓，打算辞职回家。原因并非是任务重、工作量大等，而纯粹是同事间的关系。

原来，这家民营企业是家族企业，公司的高管除了王先生，其余的都是老板的亲戚。他们能力有限，见高薪请来了一位“海归”王先生，都把他当成“活神仙”，总是围在他的身边，大事小事问个不停。王先生最初见他们如此“好学”还十分高兴，但渐渐地发现他们所问的问题都是些鸡毛蒜皮的小事，耐心解答不仅对公司整体业务发展无所帮助，还严重影响了自己工作的开展。

为了提升公司的业绩，王先生决定不再分散自己的时间。于是他狠下心来，当其他高管再来问自己问题时，他头也不回，直接冷冷地说："这不是我的工作职责，请不要在工作时间打扰我。"

这一番冷冰冰的拒绝效果倒也明显，半个月过后，再也没有高管来找王先生问问题了。王先生终于能够全身心地投入工作，但他也明显感到自己在公司越来越孤立，工作也越来越难以开展。

无疑，王先生直接冷淡拒绝的方式是不明智的。要知道，在同事有求于你的时候，如何拒绝是一种艺术。所谓艺术，就是要讲技巧：既要达到拒绝对方的目的，又要做到不伤害对方的自尊，还不能损害彼此的正常同事关系，从而影响工作。因此，可以说，拒绝别人不是一件容易的事。拒绝他人似乎很简单，但看似简单的事情中却包含了无穷无尽的奥妙。

那么，你该如何委婉地对同事说"不"呢？

第一，你要设置一个底线，也就是哪些忙能帮、哪些忙不能帮，什么情况下能够帮忙、什么情况下不能帮。与同事相处，一定要把自己的底线设定好，而且最好让同事清楚地知道。只有当你建立了一个清晰而坚定的底线时，同事们才会尊重你，才不会把你当成"老好人"，无限度地找你帮忙。

第二，当同事向你寻求帮助时，在一般情况下，不要立刻拒绝，也不要轻易拒绝。立刻拒绝，会让别人认为你冷酷无情、难以相处，或者认为你对他有意见，所以故意不帮助他；过于轻易拒绝，虽然你可以省心省力，但也可能会丧失成长、获得友谊的机会。

第三，一般情况下，同事之间故意让人帮忙的人很少，大多数都是在不得已、实在没有办法的情况下才向你寻求帮助的。这时候，他们心中会有各种疑虑，也担心你会拒绝他而让他感到没有面子，甚至会给他脸色看。因此在这个时候，你一定要认真倾听。倾听能让同事感到你是尊重他的，在你表明拒绝的决定时，也能减轻伤害他的感觉，不会让同事感觉你是在应付。

第四，拒绝时要注意态度，不要傲慢，更不要流露出生气的表情。即使在平时，傲慢的态度也让人生厌，更何况在有求于你的时候。如果表现出生气的态度，必然会让对方的自尊心受到伤害。

第五，在拒绝同事的同时，要表达出歉意。尽管拒绝，尽管说了“不”，但仍要对他说“对不起”“非常抱歉”等，然后再详细说明自己不能提供帮助的理由。让同事感觉到你拒绝的是这件事，而不是他这个人。让同事感觉到，虽然这件事情被拒绝了，但你和他的关系没有改变，你们依旧能够在一起共事。

第六，在拒绝的同时，可以给出一些合理的建议，帮助对方找到解决的办法，这实际上也是一种委婉的拒绝方法。热情地为同事提供替代性解决方案，不仅会给他留下真诚的好印象，而且很有可能会解决同事所遇到的难题。

第七，拒绝同事会让他在很长时间内都感到“不舒服”，所以在拒绝之后，我们还要经常主动地关心对方的情况，这样可以在情感上弥补一些因拒绝给他带来的“伤害”。同时，还可以让同事了解你拒绝他的苦衷，避免将来他再因为类似的事情而寻求你的帮助。

总而言之，虽然拒绝是为了维护自己的利益，但我们也要尽量照顾到对方的感受，选择委婉的拒绝方式，尽量降低拒绝带给对方的伤害。

三明治式批评法，减少下属的抵触心理

在我们日常的人际交往中，批评别人是经常遇到的事情，也是非常令人头疼的事情：一怕批评不到位，达不到目的；二怕批评的目的达到了，却引发了对方的反感，甚至伤害了对方。

同样，在职场中，如何在不伤害对方感情的前提下，巧妙地对下属进行批评或给出建议，让对方能够愉快地接受和改正，是一项非常重要的沟通艺术。那么，如何才能让对方心悦诚服地接受自己所提出的批评或建议呢？不妨试一下三明治式批评法。

三明治这种食品很多人都吃过：上、下是两片面包，中间夹一层肉或蔬菜。三明治式批评，就如同三明治：最上面一层是赞扬、赏识等积极的观点，至少是中性色彩的；中间的一层是批评、建议或负面的观点；最下面的一层仍是积极的观点，传达出鼓励、信任或支持等信息。

简单来说，三明治式批评法就是把批评夹在表扬之中，从而使对方愉快地接受。这种“二加一”式的批评、建议，不仅不会让对方感到受伤或不信任，不会挫伤对方的自尊心和积极性，而且会使对方更愉快地接受批评，并改正自己的不足，同时也拉近了双方的距离。

佳佳是一家公司的办公室文员，日常工作与文案相关。她能力很强，但总是拖拖拉拉。这次她又迟交了作品，经理决定批评她一次，让她长长记性。但经理也知道，佳佳是一个“九五后”，个性极强，属于稍有不满就“裸辞”的一代人。为了达到批评的目的，同时降低她的反感情绪，经

理决定采用三明治式批评法。

一天，经理把佳佳叫来，和颜悦色地对她说：“你今天交的方案非常不错，文案很打动人，也很符合我们产品的调性。不过，就是晚了一些。你也知道，整个项目的推进不仅是我们一个部门的事情，还需要与设计部、渠道部等密切配合。如果你这边晚了一些，其他部门的工作也会被延迟，最终就会影响整个项目的进度。所以我要在绩效上扣你三分。不过呢，你的方案大家还是非常认可的，都认为你将来肯定会写出更好的方案。如果能做到及时提交，绩效分数肯定会提升很多。”

经理的一番话，不仅达到了批评佳佳的目的，也让她能够愉快地接受，并且成为工作的动力。

我们知道，批评不是目的，也不是感情的宣泄，让被批评者接受、改进才是关键。如果只是为了批评而批评，把对方当成你发泄怒火的对象，事情就不会朝好的方向发展，甚至还会引起对方对你的厌恶。案例中经理对佳佳的批评方法，既达到了目的，又让对方觉得自己有同理心，能够理解她、欣赏她，从而愉快地接受和改正。

这就是三明治式批评法的妙处所在。

为什么运用三明治式批评法，就能够使对方欣然接受并愿意改正呢？土要原因有如下三点。

1. 避免了可能出现的敌对态度

俗话说：“顺着好吃，横着难咽。”每个人都喜欢听赞美的话，而不想听批评的话。当你想批评对方的时候，对方多少会有些预感，心理上会提前预警，进入防备状态，甚至做好反攻的准备。如果在批评之前，先说些关怀、赞美之类的话，就能够营造出友好、和善的沟通氛围，让对方平静下来、放松下来，不再如临大敌一般，从而为后面的批评做好铺垫。

2. 能够消除对方的后顾之忧，让对方真正地接受批评，改正错误

一般来说，批评结束后，受批评者可能还会想：批评之后是不是还

会有惩罚措施？以后是不是就不再信任我了？而三明治式批评法的最后一层，就是对受批评者给予鼓励、信任、希望和支持，让对方不会有后顾之忧，不再背上沉重的心理包袱，重新振作起来，再接再厉。

3. 不会伤害双方的感情，不会伤害对方的自尊

要知道，每个人都是好面子的，一味地批评，无论理由多么充分、观点多么正确，都会对受批评者的心理造成伤害。三明治式批评法则能够完全保全对方的面子，能够让对方心甘情愿地接受。

三明治式批评法是一种非常有效的批评方式，而且操作起来也非常简便，只需做好三步。

第一步：认可对方、赞美对方、肯定对方。比如你可以说“你的想法非常好”“最近半年你的进步很快”“恭喜你的方案已经通过了甲方的审核”等等，为后面的批评做好铺垫。

第二步：指出错误的地方或不足之处加以批评，要与第一步紧密结合，有转折但不要太突兀。比如你可以说“你本来可以取得更好的成绩，但是有两个原因阻碍了你的发展”等等。

第三步：积极地鼓励对方，并对未来给予希望。比如你可以说“如果你稍微注意一下这方面的问题，相信你的业绩肯定会翻一番的”等等。

三明治式批评法既指出了问题，也容易让人接受，还不会产生不良后果。所以在职场中，如果需要批评下属，不妨试试这种方法吧。

把握T.P.O.原则，让面谈产生事半功倍的效果

身处职场之中，我们经常需要和同事、客户、领导等进行沟通。虽然沟通的方式很多，但多数人还是青睐于面谈这种传统的方式，原因在于它有许多其他沟通方式无可替代的优势。比如，面谈时，我们能直接观察到对方的表情、情绪等，从而了解对方对自己所表达信息的态度，并能够迅速调整沟通方法，以达到面谈的目的。然而，如果面谈不遵守一定的原则，反而不如其他的一些沟通方式。

刘飞是海外名校MBA毕业，成绩优秀，而且有传统企业、高新企业等多种类型公司的从业经历。一个月前，他受某科技公司的老板何春邀请加入公司，担任首席战略官，负责公司的结构战略调整。

刘飞非常感谢何春的“知遇之恩”。他首先对公司进行了一次彻底的调查，对阻碍公司发展的症结进行了汇总，并形成了一份结构调整方案。周一时，他就向何春请示，打算与他进行一次面谈，详细汇报调整方案。

何春听了非常高兴，但他看了看行程安排，暂时还不能定下具体的时间，就和刘飞约定在本周内就调整方案进行一次一对一的面谈。

于是刘飞便等待何春的召唤。然而，一周很快就过去了。到了周五下午，刘飞仍未等到何春的召唤，心想：难道他对我的方案不重视吗？

当然不是，何春对此次的结构调整非常重视，但无奈公司事务繁多，他实在抽不出时间约见刘飞。直到周五快下班时，他偶然看见刘飞从自己

办公室门前经过，才想起和刘飞的约定。而刘飞刚来公司不久，他不想给对方留下一个不信守承诺的印象。

于是，何春便让正在办公室里和自己谈事情的客人稍等片刻，急匆匆地把刘飞叫到办公区外的电梯旁，带着歉意说：“很抱歉，刘先生，这周事情非常多，所以直到现在才有时间和您面谈公司结构改革方案。因为我的办公室有人，您的办公室还有其他员工，都不方便，所以只好在这里谈一谈了。”

刘飞没想到会在这个时间段、这样的场合谈这么重大的问题，而且他刚刚约了朋友晚上聚餐，所以心中不免有些急躁。在讲述方案时，他只是“浮光掠影”地泛泛而谈。

不一会儿，下班时间到了，整个楼层的员工蜂拥到电梯旁等待下楼。大家有说有笑，嘈杂的环境让刘飞更加心烦意乱，讲话也变得语无伦次，何春听得直皱眉。

最后，何春感觉刘飞的思路已经非常混乱了，就打断了他，说：“刘先生，我刚才听了您的讲话，觉得方案还不够成熟，逻辑上有些混乱。不然您再修改一下，我们再约时间？”说完，何春便走了，留下刘飞站在那里一脸茫然。

刘飞的方案并非像何春所说的那样不成熟，但为什么会让他产生这种感觉呢？原因就在于此次面谈选择了错误的时间、地点和场合，完全违背了T.P.O.原则。

所谓T.P.O.原则：T是英文Time的缩写，表示时间；P是Place的缩写，表示地点；O是Occasion的缩写，表示场合。该原则告诉人们，如果想让面谈达到预期效果，必须选择合适的时间、地点和场合。

经验表明，在面谈时采用T.P.O.原则，很容易达到事半功倍的效果；而如果违背该原则，面谈结果可能会以失败告终，或者效果大打折扣。

想运用T.P.O.原则让面谈取得良好效果，必须注意以下三点。

1. 面谈时间的选择

在面谈前，提前询问对方什么时间方便，然后再把面谈时间安排在双方都有空闲的时间段。因为只有双方都处于没有时间紧迫感的状态下，才能心平气和地交谈，不会有时间上的压迫感。

另外，在时间的选择上，还要根据面谈的目的和内容来定。比如，你打算约同事一起探讨新产品的创意，却把时间定在下午一点半，这很难保证面谈的效果。因为下午一点半时，大家刚刚吃完午饭，正稍作休息，大脑还处于昏沉状态。这时谈创意，明显是强人所难。

2. 面谈地点的选择

如同面谈时间的选择一样，如果两个人不在同一个地方，那么面谈地点必须经过协商确定。另外，面谈地点也要根据面谈的目的和内容来决定。

比如，进行员工调查的面谈时，地点可以选在会客室、接待室等气氛轻松的地方，也可以选择如办公楼里的咖啡厅、办公楼外的花园休闲区等；但如果进行正式的商务会谈，大会议室是最优选择。

3. 面谈要注意场合的选择

任何面谈都是在具体场合中进行的，并且受到场合的影响和制约。如果在面谈时说一些不适宜场合和氛围的言语，则会对面谈效果产生很大影响。

在我们身边肯定有许多这样的人，他们经常被戏称为“两面三刀”：他们在办公室里一本正经，与每个人说话时总是板着面孔，举手投足之间透露着专业和干练；但是一回到家中见到亲人，就完全变成了另一副模样，与每个家人说话都软绵绵的，极尽温柔，甚至还不时地搞点小幽默。这种“善变”实际上就是根据不同的场合说不同的话。

在职场中，我们进行面谈时，更要注意场合的选择。比如，当下属犯了错误，我们想指出来，以便让他及时改正、更好地成长，那么找他谈话时最好选择一个合适的、私下的非正式场合。如果我们选择在领导都在的场合把他狠狠地批评一顿，下属当时可能不敢与我们争辩，但心里肯定会不满，甚至心生怨恨。

而当下属取得了良好业绩时，如果我们想对他进行表扬或激励，那么面谈的场合可以选择公开或隆重的场合。比如在公司聚餐时，公开地表扬下属，称赞他所取得的成绩，并让在场的所有人都听到我们之间的谈话，那么他的心里一定是喜悦的、感动的，甚至会感到自豪。这种谈话的效果无疑是非常好的。

总的说来，面谈是一个信息交流的过程，也是一种效果非常明显的沟通方式。但是如果你想让沟通的效果翻倍，必须要在选择面谈的时间、地点、场合上下功夫。

搭建“信息金字塔”，避免团队沟通的漏斗效应

松下幸之助曾说过：“企业管理的过去是沟通，现在是沟通，未来还是沟通。”对于团队而言，沟通是必不可少且至关重要的。团队间的沟通是一群人的沟通，这与两个人一对一的沟通有着很大的区别。“漏斗效应”在团队沟通中表现得更加明显。

肖玲是某家大型公司的职能中心总监，负责公司行政和人力资源两大板块。

一次，为了庆祝公司挂牌上市，董事长让肖玲负责安排，将公司的整体形象进行一次大提升。肖玲很快准备了一个方案。她来到助理小赵面前，对他说：“现在公司要进行形象大提升，所以公司环境和员工个人都要有新的改变。我这里有一套方案，你记一下，然后告诉各部门的负责人，让他们去向员工传达。”

肖玲停顿了一下，接着说：“从下周开始，员工必须着正装，西装西裤、皮鞋、蓝色或白色的衬衫，可以不用打领带；上班时间要佩戴胸牌，胸牌由行政人员统一制作；桌面必须保持整洁；不许在办公区为电动车电瓶充电；上班不许睡觉；统一更换插线板。行政人员会随时抽查，发现不按要求执行的人员，记违纪一次。”

小赵了解董事长雷厉风行的性格，听完肖玲的传达后，立即把各部门的负责人叫来，向他们传达说：“为了庆祝公司上市，从下周起，员工必须着正装，西装西裤、皮鞋；上班时间要佩戴胸牌，胸牌由我们统一制

作；桌面必须保持整洁；不许在办公区为电动车电瓶充电；统一更换插线板。我们会随时抽查，发现不按要求执行的员工，记违纪一次。”

小赵传达完毕后，各部门负责人迅速行动起来，向本部门的员工传达。

到了第二周，肖玲为了查看员工的执行效果，专门来到了员工的办公区，但结果令她非常失望，因为现在的情况和上周没多大改变。她非常生气，来到一名员工面前，说：“你的衬衫怎么是黑色的？”那名员工感到非常吃惊，说：“我们领导也没有说对衬衫有要求啊？只是说要穿正装。”

就这样，肖玲又问了几名没有按要求执行的员工，结果大家一致反映，领导并没有提那样的要求。肖玲感到非常奇怪，为什么会出现这种情况呢？

实际上，肖玲所遇到的情况就是我们常说的沟通中的“漏斗效应”。

沟通中的“漏斗效应”，是指信息传递者传达的信息会呈现一种由上至下的衰减趋势，就如同漏斗逐渐漏掉沙子一样。

比如，假设我们所想的、所要传达的信息量为100%，由于漏斗效应的存在，在与下属沟通时只传达了总信息量的80%；下属由于多种因素的影响，又漏掉了20%的信息量，只接收到了60%的信息量；下属再往下传达时，信息进一步被漏掉；最终，当信息传达到团队的执行人员时，只剩下总信息量的20%。

在团队的沟通中，“漏斗效应”是非常普遍的，造成的后果也是非常严重的。试想一下，当我们的指令就像沙子一样从漏斗中不断漏出时，最后的执行效果能好吗？毋庸置疑，当然不能！

那么，有没有解决这个问题的方法呢？当然有，那就是把沟通漏斗倒过来，搭建一个“信息金字塔”。

金字塔结构是一种从顶点开始向底层逐步展开的过程。而“信息金字塔”则是一种自上而下的信息归类与细分方法，是一种具有层次性和结构化的思考与沟通技术。

我们都知道金字塔，它有以下几个特点：

第一，在金字塔的塔顶只有一块石头；

第二，这块石头是由若干块石头支撑的；

第三，支撑它的每一块石头又是由若干块石头支撑的；

第四，就这样层层支撑，最终构成了坚固的金字塔。

信息金字塔也是如此：

第一，我们所要传达的信息只有一个核心观点；

第二，这个核心观点统领着若干个次级观点；

第三，而支撑核心观点的每一个次级观点也统领着下一层次的若干个观点，并且每一层次的观点必须是下一层次观点的概括。

搭建信息金字塔优势明显：重点突出，思路清晰，主次分明，使听者更容易记住或更有效地执行。

那么，应该怎样搭建信息金字塔呢？首先，选定一个主要信息。这里的主要信息是指你最想传达的信息，或者你的观点、最终结论等，将其放到信息金字塔的顶端。主要信息下面是关键信息，它由主要信息分解而成，是主要信息的依据、论据。关键信息下面是次要信息，它又由关键信息分解而成，是关键信息的依据、论据。以此类推，再将次要信息往下分解成若干“次次要信息”“次次次要信息”等。

信息金字塔的设计方法可以分成两种：理由法和详述法。

理由法是将支撑某层信息的理由、论据等作为其下一层的信息。

比如，我们要向上级汇报集团今年的业绩，可以将集团的整体营业额作为主要信息，假设集团今年的总营业额为9000万元。接下来，我们可以用各个分公司的营业额来论证集团总营业额为9000万元这一关键信息：分公司甲的营业额为3000万元，分公司乙的营业额为2000万元，分公司丙的营业额为1000万元，分公司丁的营业额为3000万元。然后，我们可以用次要信息对每一条关键信息进行进一步说明：分公司甲的3000万元营业额，由销售一部完成的2000万元营业额和销售二部完成的1000万元营业额组成。

详述法是指将要采取的做法以及如何操作的细节，作为某层信息的下层信息进行描述。

比如，我们要执行一项推文发布计划，就可以把8月要推出一篇10万+的文章作为主要信息，把“文案部负责写一篇推文”“推广部选择投放渠道”“设计部负责完成排版”作为三个关键信息，然后把“8月9日前完成选题”“8月15日前完成初稿”“8月20日前完成定稿”“8月25日完成推送”作为“文案部负责写一篇推文”的次要信息。

那么在案例中，我们又该如何搭建信息金字塔呢？通过对肖玲所要传达的信息进行梳理，我们可以将所有的信息概括成一个核心观点——公司形象的提升。

公司形象的提升这一核心观点又是由两个次要观点支撑的，即个人形象和公司安全。

这两个次要观点还可以进一步细分：

个人形象包括穿着正装、佩戴胸牌、桌面整洁、禁止睡觉四项要求；

公司安全包括统一更换插线板和禁止给电动车电瓶充电两项措施。

如果这样将信息勾勒出来，还会担心信息被遗漏，进而影响执行效果吗？

在团队的沟通中，每一项指令都会影响执行的成效和成败。因此，在沟通时，一定要确保每一条指令都传达到执行层面，避免“漏斗效应”的出现。

第三章

大胆开口，战胜当众讲话的紧张无措

六种开篇策略，赢在开场三十秒

当今社会，人与人之间的交往越来越频繁，人们之间的相互合作也越来越多，因此口头表达能力的重要性愈加明显。一个人如果口头表达能力强，就能够清楚地讲明道理，流利地表达自己的目的，使人容易接受。尤其是在需要面对许多人讲话的场合，如公众演讲、招商路演、产品介绍、会议上的主题演讲等，口头表达能力显得更为重要。

周一刚进公司，张樍就被总经理叫进办公室。他丈二和尚摸不着头脑，不知道发生了什么事。

总经理开门见山地对张樍说："咱们的新项目是你负责的吧？你对项目的具体情况了解如何？"

张樍说："这个项目从立项到执行都是我负责的，可以说，项目的每个细节我都了解。"

"那就好。一小时之后，投资方会有人过来了解进度。这次来的是专家，所以就由你来介绍吧，这样会细致些。"

张樍是理工科出身，在技术上可以说是专家级别的，但是在口头表达能力上稍差些。当他面对投资方专家等一大群人的时候，心里不免有些紧张。他站在众人前面说："大家好，很高兴和大家见面，交流一下这个项目的相关事宜。这次介绍比较突然，我也没有很好地准备，所以可能会有许多疏漏之处，下面我就开始介绍这个项目……对了，在介绍之前，我还想说一下，今天的会议比较匆忙，我准备得不充分，不过我还是尽可能详细地给大家介绍清楚……"

张榎刚说到这里，投资方派来的专家有些不耐烦了，打断他的话说："既然没有准备好，那我们下次有机会再聊吧。"说完就站起身走了。

张榎这次讲话的失败，关键原因在于开篇的失策。要知道，当众讲话讲究的是"镇场"，如果在一开场就能将全场听众的注意力吸引到自己身上，那么演讲就已经成功了一半。成功地"镇场"不仅要依靠讲话者的气质、风度，更要依靠具有强大魅力的语言。

好的开场白，一下就能把听众吸引过来。那么，应该如何把握好开场的三十秒呢？以下六种开篇策略可供参考。

1. 提问开篇策略

演讲者一开始就提出一个或几个能激发听众思考的问题，触发听众神经元的亢奋，迅速唤起听众的兴趣和注意力，缩短演讲者与听众的距离，并加深听众对问题的记忆和理解。

1854年7月4日，在美国纽约州罗彻斯特市举行的国庆大会上，美国废奴运动领袖弗雷德里克·道格拉斯发表了《谴责奴隶制的演说》。一开场，他就采用提问的方式，吸引了听众的注意，引发了共鸣：

朋友们，请先允许我提个问题：今天为什么邀请我在这里讲话？我，或者我所代表的奴隶们，同你们的国庆节有什么关联？《独立宣言》中主张的政治自由和生来平等的原则难道也降临到我们的头上了吗？因此才把我邀请来，让我向国家的祭坛奉献上我们卑微的贡品，承认我们因你们的独立而得到的恩惠，并为此而表达谢意吗？

提问式的开篇，也是我国许多知名演讲人经常采用的一种方式。

2017年12月31日，在上海梅赛德斯-奔驰文化中心举行的罗振宇"时间的朋友"跨年演讲上，罗振宇一开场就提出了一个问题——"一个月前，我问了身边的朋友和我们的用户同样一个问题：对你来说，2017年的哪一天你认为很重要？”

罗振宇一抛出这个问题，无论是现场的观众还是手机前的观众都情不自禁地回顾自己过去的一年，回想在这一年内发生的大大小小的事情，筛选出最重要的一件。于是，演讲者与听众实现了同频。

以提问开篇，在一开始就抛出问题，让听众和自己一起思考，将大大增加他们对演讲内容认识的深度和广度。

不过，使用这种开篇策略时，有些问题一定要注意：

（1）所提的问题必须紧扣讲话的主题，并且要与听众和讲话的场合相适应；

（2）提出的问题要有新鲜感，能够出乎听众的意料，并激发他们思考；

（3）提出的问题要与接下来阐述的内容紧密联系，能够巧妙、自然地引出讲话的主体内容。

2. 直白式开篇策略

在讲话时，有人为了引入主题而在开场做了一些铺垫，这无可厚非。但是，如果铺垫过多，容易造成开头与主体比例失调，让听众抓不住重点和主题。如果铺垫做不好，不如采用直白式开篇。

直白式开篇讲话，最经典的莫过于1883年马克思逝世时，恩格斯发表的著名的《在马克思墓前的讲话》。一开场，恩格斯便说：

3月14日下午两点三刻，当代最伟大的思想家停止思考了。让他一个人留在房里还不到两分钟，当我们进去的时候，便发现他在安乐椅上静静地睡着了——但已经是永远地睡着了。

这个人的逝世，对于欧美战斗着的无产阶级，对于历史科学，都是不可估量的损失。这位巨人逝世后形成的空白，在不久的将来就会使人感觉到。

没有多余的铺垫，开篇即入题，让听众明白此次聚会的目的，集中精神。

3. 以悬念开篇的策略

好奇是人的天性，一旦产生好奇心，便非得探明究竟不可。为了激发听众的强烈兴趣，我们可以在开场时使用悬念手法，往往会收到奇效。

在一场青少年安全教育主题演讲中，一位老师上台后这样开篇：

“有一个人，他的家住在一座大厦的二十五层。如此高的楼层，只能乘坐电梯。但奇怪的是，这个人每次独自一人乘坐电梯时，总是在到达十五层之后就走出电梯，步行爬楼梯回家。每次爬十层楼梯，他都气喘吁吁，非常劳累。”

说完之后，这名老师便停顿了下来。听众一听，顿时好奇心四起，心中想：这是什么原因呢？明明有电梯为什么还要去爬楼梯呢？难道是想锻炼身体吗？有些人还窃窃私语起来。

这时候，这位老师见达到了自己的目的，就接着说：“这个人之所以要爬十层楼梯，既不是为了锻炼身体，也不是因为电梯只有十五层，而是这个人是个小孩子，二十五层的电梯按钮他够不到。”

一句话说完，大家恍然大悟。

随后，这位老师接着说：“正如我刚才讲的故事一样，我们通常在考虑问题的时候，总是从成人的角度出发，而忽略了青少年这个群体……”这样顺理成章地进入了主题。

不过，在采用以悬念来开篇的策略时，也有几个问题需要注意：

（1）悬念不能悬而未决，如果在讲话结束时仍未揭开悬念，就会给人一种故弄玄虚的感觉；

（2）悬念一定要勾起听众的好奇心，如果不能让听众的好奇心得到满足，你设置的悬念就是失败的；

（3）悬念要与讲话的主题和后面引出的内容相互呼应，结构浑然一体。

4. 以实物来开篇的策略

这种策略主要是通过展示实物，给听众一个感性的直观印象，然后借助这个具体形象的实物，提出和阐述自己的见解。这种方式主要常见于产品推介和学术演讲中。

在一场环保产品推介会上，一家公司的嘉宾在上台做产品推介的时候，手里拿着一个透明的小盒子，里面装着金灿灿的黄沙。听众的目光一下子就集中到了这个小盒子上，他们不知道嘉宾的用意何在，于是便不断地猜想。就这样，这位嘉宾把听众的注意力集中到了自己身上。

这名嘉宾面向听众，指着这盒沙子说："大家请看，我手里拿的是什么？一堆黄沙吗？是的。难道它仅仅是一堆黄沙吗？不是，它可能是未来地球的主人。大家知道，现在的环境问题……"

这种以实物来开篇的策略，能够很自然地吸引听众的注意力。讲话者接着便可以以该物件为线索，展开自己的话题。

5. 即景生情式开篇策略

很多人在讲话的时候是不需要提前准备开场白的，或者因为临时被邀请讲话来不及准备，他们会通过观察现场的人、事、景等而临场想到一个与听众相关的开场白。这种即景生情式的开场白很容易与现场听众建立起联系，产生共鸣，也就容易使听众感受到与自己的相关性，而不知不觉地对讲话产生兴趣并耐心听下去。

1945年5月4日，一场隆重的纪念大会在云南大学操场上举行。但大会刚要开始时，天就下起雨来。这个时候正好轮到闻一多上台演讲，他见此情此景，就放弃了原来的开场白，即景生情地讲道：

两千多年以前，周武王决定起义，去打倒暴君纣王。就在出兵的那一天，像我们现在一样，忽然下起雨来了。许多人都觉得很不吉利，建议武王改期。这时候管占卜的，就是当参谋的人吧，站出来了，他说这不是坏事，这是'天洗兵'，是老天爷帮我们的忙，把兵器的灰尘都洗得干干净净的，打敌人更有力了！我们今天也碰上了这样的机会，这是天洗兵！不怯懦的人回来！走进来！勇敢的人站过来！

闻一多的话一下子就把大家吸引住了，大家也没有因为下雨分散精神，而是继续安静地听着。

在使用即景生情式开篇策略的时候要注意，所选的景一定要契合主题、切合氛围，不要故意绕圈子，也不能漫无边际地东拉西扯，否则就会冲淡主题，也让听众感到不耐烦，起到适得其反的效果。

6. 采用自嘲的开篇策略

如果在开场的时候，讲话者用自嘲的方式切入，就会让听众在第一时间觉得心情轻松，放下戒备，营造出一种愉悦的氛围。而这种愉悦的氛围无疑会拉近讲话者和听众之间的距离，吸引听众的注意力。

胡适在一次演讲时这样开头："我今天不是来向诸君做报告的，我是来'胡说'的，因为我姓胡。"他的话刚说完，听众就情不自禁地笑了起来，倍感亲切。

第三十二届中国电影金鸡奖颁奖典礼举行时，演员黄渤担任主持人，他也以脱口秀幽默开场。他说："这么多'大腕'，何德何能，让我和邓超做主持呢？导演告诉我：因为你俩没有提名，别人都要忙着准备获奖感言，没时间。"他刚说完，现场的气氛一下子就活跃起来了。

一个好的开场白，正如一道口味独特的开胃菜，能够引起人们的食欲，产生继续品尝的渴望。实际上，讲话的开场并没有固定的公式，因人而异、因事而异、因场地而异，无论用哪种方法，只要能吸引听众，引起听众的共鸣就是好的开场！

限时表达：三个方法把控演讲时间

在日常的工作和学习中，我们也会遇到需要登台演讲的情况。作为非专业的演讲人士，我们即使准备得非常充分，在演讲过程中也难免出现纰漏，影响演讲的效果。其中问题最大的还要数对于时间的把控。

公司要举行周年庆了，因为今年的业绩非常好，所以公司领导决定隆重庆祝一番。

小玲是市场部的一名员工，性格开朗，平时很爱说话，所以部门领导特意让她在大会上作为员工代表进行演讲。根据活动流程，给她的时间是十五分钟。

这十五分钟的光荣机会，小玲非常重视，写稿子、修改、背诵，忙得不亦乐乎。一切准备就绪后，就每天都在盼望周年庆的到来。

很快，周年庆到了。小玲特意穿上了雅致的新衣服，站在走廊里等待上场。这时候，市场部的经理老赵来了，他一下子叫住小玲，说："按照流程，你的演讲时间是十五分钟，你后面是专题报告环节，报告人是技术部的经理老方。刚得到消息，老方正在车间解决技术问题，时间紧，而且他的时间观念很强，会按照流程规定的时间准时出现在会场。所以你一定要把控好时间，演讲时间不能太短，造成空档；也不能太长，耽误老方的时间。"

小玲听完，不禁吐了吐舌头，说："好难啊！不过请您放心，我会把控得很好的。"

小玲虽然答应得很爽快，但毕竟不是演讲专业人士出身，而且平时的市场工作也从来没有把控时间的要求，再加上她的语速非常快，上台没有五分钟，就把演讲的内容说完了。距离技术部老方登场还有十分钟，但小玲没有了演讲内容，也只好下台。结果，整个会场在一片寂静中等待了十分钟。

小玲过快地结束了演讲，造成了时间空档，可以说是失败的。而有的人却恰好和小玲相反，演讲的时候生怕自己说得不够详细，听众听不明白，便不断地解释，越说越多，最后造成了超时。

一般说来，作为非专业的演讲人士，在演讲的过程中普遍存在时间用不完或时间不够用两个问题。

首先，时间用不完，是指在规定的时间内，提前完成了演讲内容。比如在应聘的时候，公司规定每人进行五分钟的自我介绍。但一些人由于怕忘词，就用最快的语速说话，结果只用了三分钟就讲完了所有内容。

其次，时间不够用，是指无法在规定的时间内讲完所有内容。导致这种现象的原因很多，比如演讲内容过多、语速过慢等等，最终造成了超时。

无论是时间不够用还是时间用不完，都是因为对时间的把控不到位，缺乏限时表达的能力。

对时间的把控是成功演讲的重要因素。对于那些专业的演讲人士来说，做到这一点很容易。但是对于更多的非专业人士，又该如何来把控时间呢?

其实，对于非专业演讲人士来说，要想成功地把控时间并不难，以下三个方法如果被有效使用，基本上可以达到把控时间的目的。

1．语速把控法

在正式演讲前不断进行语速调节，从而在限定的时间内准时完成所要演讲的内容。

演讲速度与演讲者的性格有关：有的人比较急躁，所以语速较快；有的人比较沉稳，所以语速较慢。另外，语速还与演讲内容密切相关：如果演讲内容的主基调是激情澎湃型，那么演讲速度偏快些比较合适；如果演讲内容的主基调是忧伤沉郁型，那么演讲速度舒缓一些比较合适。

当语速与演讲内容的长短发生冲突时，一般应以语速为基础，适当地增加或删减内容。

在进行语速控制的试讲过程中，一定要注意以下两个问题：

（1）一定要出声读，而且不仅要出声，还必须用演讲时需要的音量来发声，默读是不行的。因为在一般情况下，默读时会不自觉地跳过一些内容和文字，而出声读则需要把每个字都读到，所以默读的速度要比出声朗读的速度快。只有用演讲需要的正常音量去试讲，才能发现演讲中可能出现的问题，以便及时纠正和修改。

（2）在进行语速测试的时候，尽可能在一个与演讲环境相同或类似的环境进行，坐在沙发上或躺在床上是绝对不行的。因为那样的话，虽然发声了，但是整个人的精气神却不一样，从而导致我们没有办法真正体会演讲时的感觉，达不到测试的目的。

2. 内容分割法

内容是演讲的主题，所以把控时间也要在内容上下功夫，要看内容是否有明确的主题和目的、是否有需要删除的废话、是否有影响表达的病句等，然后再将其分成几部分，比如开场、主题、结尾等等。演讲的内容不一样，所以划分的方式也不尽相同，但是我们一定要进行划分，而且尽可能详细些。

划分完之后，我们按照定下来的语速进行试讲，然后标出每部分用时多少。比如，可以在开场白的旁边标记“1分钟”，在自我介绍要点后标记“2分钟”，在结尾处标记“2分钟”，等等。我们标得越细致，在真正演讲的时候，越能把控住时间。

3. 借助外力计时法

登台演讲的时候，为了把控时间，我们还可以借助一些外力，比如讲台周围的钟表、计时器等。如果没有这些外力，自己也可以准备一块手表放在旁边，或者在听众后面面对自己的位置放一个大的计时器。

借助外力计时也分为两种：一种是正计时法，一种是倒计时法。

（1）正计时法就是从演讲开始，每隔一段时间看一下表或计时器，以估算演讲的进度，并及时调整，或加快，或延缓，以保证在规定的时间内准时完成。

正计时法有一点要注意，就是看时间的节奏，不能太快，也不能太慢。一般来说，比如一场十五分钟的演讲，每隔三分钟看一次比较合适，内容也可以按照这个节奏进行安排。

（2）许多专业演讲的现场，在最后五分钟时，一般都会有人对演讲者进行提醒，这就是倒计时法。

倒计时法的目的就是让演讲者清楚剩余的时间，估计自己在剩余的时间内能否讲完所有内容，以便及时调整。

倒计时法也可以分成几次来提醒，比如十五分钟的演讲，每隔五分钟提醒一次比较合适。

以上就是三种控制演讲时间的方法。虽然非专业演讲人士做到在限定的时间内精确地完成演讲内容有很大的难度，但是通过以上方法，也能取得比较好的效果。

运用故事思维，用起伏的情节吸引听众

在写作方面，有一个公认的观点叫作“文似看山不喜平”，意思是写文章好比观赏山峰，应追求山势起伏、高低错落，最忌平平坦坦、平铺直叙。正因如此，古今中外的作家们无不刻意构思，精心安排，力图使文章变得峰回路转、波澜迭起，从而紧扣读者的心弦，达到引人入胜的效果。

“文似看山不喜平”这个观点在当众讲话时同样适用。铺地毯似的讲话很难调动起听众的情绪，甚至会让人昏昏欲睡。

每个人都希望自己的讲话能够跌宕起伏、引人入胜且回味无穷，但是做起来却非常困难。我们不知道该如何把素材进行加工、组合，使之变成一段生动的语言。实际上，使自己的讲话变得曲折动人并不困难，有一种方法非常简便而实用，就是采用故事思维。

美国普利策新闻奖得主富兰克林曾经说过，新闻报道要“用故事化的手法来写”，这样的新闻人们才喜欢阅读，平铺直叙地报道某个事件是不会引起人们的兴趣的。同样，我们也可以用讲故事的思维去当众讲话。回想一下，在讲故事的时候，为了让故事更加生动，为了赢得听众的称赞，你会采用什么方法呢？不妨列举出来，然后再将这种方法应用到讲话中去，一定会收到良好的效果。

讲好一个故事的方法有很多，也有许多好的故事思维，下面我们就介绍几种常用且实用的思维方式。

1. 有主次，有重点

任何故事都有主次之分，也都有一个重点。比如，我们想讲一个项羽的故事。项羽是我国历史上比较知名的人物，关于他的故事也很多，不可能做到面面俱到，必须根据我们讲故事的目的进行取舍，提炼重点，分清主要事件和次要事件。如果想突出他的英勇，则可以把巨鹿之战作为主要事件，其余的事件作为辅助和补充；如果想突出他的刚愎自用、有勇无谋，则可以重点讲他烧毁咸阳宫而建都彭城的事件，其他的事件简略带过。

如果我们明白了这个道理，那么就很容易让讲话变得生动。在我们讲话之前，先要明确本次讲话的目的，然后根据这个目的，将素材进行筛选，挑出那些最有利于突出目的的作为重点，其余的则作为次要素材有选择性地使用。这一点对于讲话者来说非常重要。

然而在现实中，有太多人的讲话之所以让人感到漫长和沉闷，根本原因就在于他们没有把握好主次，没有重点，以至于听众不知道他们讲话的目的何在。这样的讲话无疑是失败的。

2. 凤头豹尾

一般来说，每个故事都可分为三部分：开头、高潮、结尾。讲故事讲究"凤头豹尾"，也就是开头一定要秀丽，可以吸引人继续读下去；而结尾一定要有力度，让人印象深刻。

讲话的时候也应该做到这样。如果开头不好，就吸引不了听众，整个讲话就注定会失败，难道还要指望听众硬着头皮听下去吗？和其他部分比起来，在讲话结尾时所说的内容，会让听众记得更久一些，所以一定要做到"锦上添花"，强化这一效果。一般来说，在讲话的结尾一定要突出本次讲话的中心、重点，无论听众是否同意你的观点，也要让他们清楚你讲话的目的是什么。

3. 创造戏剧性惊喜

在讲故事的时候，通常会有一段铺垫，以吸引读者的好奇心；等铺垫得差不多了，突然来一个大转折，才会出人意料。这就类似于相声里的“抖包袱”。我们在当众讲话的时候，也可以利用这种方式，达到引人入胜的效果。

4. 营造场景

在讲故事时，场景描述能起到烘托气氛的作用，没有场景描写，故事就显得平淡了许多。我们在讲话时，也可以采用营造场景的方式，让听众沉浸在由你自己所营造的氛围之中。

比如，在一个题为《勇于救人的小英雄》的演讲中，演讲者为了突出这名小英雄救人时环境的恶劣，如此讲道：

那一天，天气阴沉沉的，满天都是黑压压的乌云，厚厚的、低低的，没有一丝阳光透过来。而东北风也来凑热闹，一边呜呜地吼叫着，一边肆无忌惮地在旷野上奔跑……

这样的表达，就如同带着听众来到了主人公所处的环境中一样。

一般来说，场景再现是一种可视化的叙事方式。场景的描述包括视觉感受、听觉感受、嗅觉感受和触觉感受四部分。如果你在讲话时想营造气氛，可以从这几个方面入手。

5. 设置冲突

一个好的故事，在情节中必须要有冲突。故事之所以能够吸引人、让人兴奋，是因为故事的主线。比如在故事中，主人公总会在关键时刻遇到难题而需要进行抉择，抉择越困难，故事也就越精彩。在讲话的时候，我们也可以巧妙地设置冲突以吸引听众。

星期天，在科技大厦的大会议厅里，一场路演正在如火如荼地进行着。

下一个就该张峰登场了，此刻，他的心里七上八下，因为路演的前几个产品都很有特色，有的还填补了某些领域的空白。而自己的空气净化产品，则稍显逊色。本次路演得到了好几家投资机构的关注，设置了丰厚的奖金。如果能够获得奖金，那么公司现有的资金压力不仅能够得到解决，而且还可拿出一部分用于市场开发，这对公司的发展无疑是有莫大帮助的。但是，奖金只有入围前三才能拿到，如果单凭产品，无疑困难重重。

很快，轮到张峰登台演讲了。他先是详细讲解了公司研发的新产品，然后又介绍了公司核心团队的情况。他讲述了自己当初在留在高校任教还是出来从零开始创业中艰难抉择时的心情：留在高校任教，自然会让人生之路顺畅很多；选择创业，自然要面临许多不可预测的风险。但是选择创业并非想要赚钱发财，而是想提升人们的生活质量，让人们享受更清新、健康的空气。这个出发点则是由于他的父亲因肺癌去世而产生的。

随后，张峰又讲述了在创业过程中与合伙人所经历的各种矛盾和分歧，以及最终如何化解。一番演讲下来，评委们听得如痴如醉，仿佛亲身和张峰一起经历了这一过程。

最终，张峰的产品以及他的初心打动了评委，特意额外地为他筹措了一笔资金，作为奖励。

6. 重视细节

优秀的故事离不开细节描述。细节是展现故事的重要手段，一个生动的关键细节往往可以精准地传递出更多信息，让故事更加形象、生动地出现在人们面前。在当众讲话的时候，我们也可以讲述一些细节，这样可以让讲话更显真实、更有形象感。

比如，在题为《向抗洪战士学习》的演讲中，演讲者细致地描述了一名战士在抗洪救灾中勇救群众的细节，让听众感到深深的震撼。

7. 合适的叙述方式

讲故事的布局方式有很多，比如正叙、倒叙、插叙等等。每种叙述方式都有自己的特点，并无好坏优劣之分，可以使用一种，也可以多种并存。我们在讲话的时候，可以根据具体情况选择合适的叙述方式。

比如，在通常情况下，推介某一款产品会这样说——我们的产品有以下这些优点：第一……第二……第三……。因此，我们的产品深受好评，并获得了省级大奖。

但是为了吸引听众，可以采用倒序的方式。你可以说：大家不要小看这个巴掌大的东西，它可是获得了省级大奖呢！不信吗？你看它，第一……第二……第三……

这种倒序的方式先说结果，在引起听众的兴趣后，再详细介绍产品的特点，很容易取得良好的推介效果。

当众讲话是一门与听众交流、求得他们共鸣的语言艺术。如果我们在讲话时语言平淡、毫无激情，听众一定会觉得枯燥无味。而当我们把讲话内容说得跌宕起伏，让听众如同在听一个精彩的故事，那么一定能够调动起听众的内心情感，与我们的内心情感形成呼应、形成共振。比如，如果我们讲话的主题是积极向上的，听众就会感到精神振奋；如果我们讲话的主题是低沉悲怆的，听众也会因此而伤心难过。

适时重复，强化你最想让听众感知的内容

在当众讲话的时候，有一个禁忌，就是不断地重复同一个例子或者同一个故事，这是一种非常不好的讲话习惯。因为从听众的角度讲，再好的例子、再好的故事听多了也是没有任何感觉、任何意义的。

不过，这并不是说在当众讲话的过程中不能有任何的重复。相反，有时候重复是非常必要的。许多优秀的演讲者都会利用适当的重复，来强化自己最想让听众感知的内容。

为什么说在讲话的过程中，适当的重复是非常必要的呢？

我们知道，在一般情况下，讲话都是有时间限制的，而且时间还很短，三个小时、两个小时，甚至十几分钟，但是讲话的内容却非常丰富，超大的信息量很容易给听众的记忆带来压力，听众会很快忘记你说过的百分之九十的讲话内容。如果你的讲话只是众多讲话中的一个，那么听众记住的将会更少。

那么，讲话者该怎么做，才能让听众记住自己想让他们感知的内容呢？有一个非常简单有效的方法，就是重复。重复，如同将一个木球不断地砸向墙壁，最终在墙壁上形成一个凹痕一样，重复的内容也将在听众的心里留下深刻的印象。

每个人都可能有这样的经历：当我们打电话的时候，对方可能会让我们记住一个电话号码，或者一些数字，但是手里没有笔和纸来记录，怎么办呢？我们一般会一遍又一遍地念叨，重复这个电话号码或数字，以帮助

自己强化记忆。

也许我们还有这样的体会，刚听完一首歌曲，感觉旋律很优美，竟也可以哼唱上几句。不过你是否发现，你能唱出来的歌词有什么特征呢？对，一般都是歌曲中每段都重复的那几句。

所以，可以进行一下逆向思维：我们在讲话的时候，主动地、巧妙地、适当地对最想让听众感知的内容进行重复，就能够加深听众对这部分内容的印象。

周日，宋洋洋没有像往常的周末一样休息，而是坐在公司的办公桌前紧张地忙碌着。因为周一早上公司的主要领导都将到齐，进行一个产品立项会议。

这个会议对宋洋洋来说意义重大，因为会议所讨论的就是他研发的新产品。如果新产品得到了领导的认可并进行立项，那么不仅意味着自己半年来的辛苦总算有了结果，还意味着职位、薪水都有很大的提升。而如果新产品得不到领导的认可，那么必然会给领导留下劳而无功的印象，影响自己在公司的发展。

此刻，宋洋洋正在熟悉明天讲话的内容。尽管已经准备很长时间了，但他还是不太满意，总觉得太平淡无奇了。

这时候，他发现策划部的老刘也在加班。老刘是讲师出身，对讲话、演讲有很深的研究。宋洋洋赶紧拿着自己的稿子给老刘，让他指点一下。

老刘看过稿子之后，说："看得出来你对自己的产品是非常熟悉的。不过有个问题，你的产品优点虽多，但这样介绍太过于平淡，整个流程下来也不能让领导们产生深刻的印象。这样吧，简单一句话总结，你这产品的最大优点是什么？"

宋洋洋想了想，说："我这产品最大的优点就是可以节省百分之四十的劳动成本。"

老刘说："那你在介绍产品的时候可以这样说：这款产品能够帮助企业节省百分之四十的劳动成本，这可以从产品的功能说起……这款产品能够帮助企业节省百分之四十的劳动成本，还体现在工作流程上……这款产品能够帮助企业节省百分之四十的劳动成本，也可以从它的算法上看出来……”

宋洋洋听完老刘的话，顿时有了思路。他按照老刘的建议改好后，非常满意。在周一的会议上，领导们对这款产品的特点印象深刻，很快就通过了立项。

在这个案例中，宋洋洋就是通过运用重复的技巧，强化了产品的优势，所以才让领导留下了深刻的印象，从而通过了立项。

运用重复的方法很简单，就是挑选出你最想让听众感知的内容，然后不断地重复它。运用重复的技巧，除了能不断冲击听众的思维，让他们接受你所要传达的内容，还有利于重新组织你的演讲，确保你说的所有话都与中心主题相关。

我们在当众讲话的过程中，使用重复技巧的时候，通常采用两种方式。

1. 将你最想让听众感知的内容提炼为一句话

这句话要简短易懂且朗朗上口，并在演讲中不断重复。

运用重复技巧最著名的一个例子来自马丁·路德·金的演讲《我有一个梦想》。

1963年8月28日，在林肯纪念堂前的台阶上，马丁·路德·金发表了题为《我有一个梦想》的演说。

我有一个梦想：有一天，这个国家将站起来，并实现它的信条的真正含义：“我们认为这些真理是不言而喻的，即所有人生来平等。”

我有一个梦想：有一天，在佐治亚州的红色山丘上，从前奴隶的子孙们和从前奴隶主的子孙们将能像兄弟般地坐在同一桌旁。

我有一个梦想：有一天，甚至密西西比州，一个有着不公正和压迫的热浪袭人的荒漠之州，将转变成自由和公正的绿洲。

我有一个梦想：我的四个小孩将有一天生活在一个国度里，在那里，人们不是根据他们的肤色，而是根据他们的品格来评价他们。

…………

在这次演讲中，“我有一个梦想”这句话被马丁·路德·金重复了不下九次。他的这次演讲也因这句话而闻名，并产生了巨大的影响。

2. 可以使用高密度的排比句来强化这个内容

2010年，亚马逊创始人杰夫·贝索斯在他的母校普林斯顿大学为该校的毕业生们做了一次演讲。

你们将如何运用自己的天赋？你们又会做出怎样的抉择？

你们是被惯性所引导，还是追随自己内心的热情？

你们会墨守成规，还是勇于创新？

你们会选择安逸的生活，还是选择一个奉献与冒险的人生？

你们会屈从于批评，还是会坚守信念？

你们会掩饰错误，还是会坦诚地道歉？

你们会因害怕拒绝而掩饰内心，还是会在面对爱情时勇往直前？

你们想要波澜不惊，还是想要搏击风浪？

你们会在严峻的现实之下选择放弃，还是会义无反顾地前行？

你们要做愤世嫉俗者，还是踏实的建设者？

你们要不计一切代价地展示聪明，还是选择善良？

杰夫·贝索斯采用了这样一组非常有气势的排比句，不断重复着他此次演讲的观点：选择比天赋更重要。

当然，即使你想在当众讲话时使用重复技巧，也不是随意选择一些内容就进行重复，一再反复同样的话，就如同飞机在不能降落时三番两次地从地面爬升一样，那种感觉实在令人厌烦。

比如说，有些人在讲话时经常说“我再一次说明……”“我再说一遍……”“我再重复一下刚才我说的……”，这种情形我们经常可以遇到，应当根据以上介绍的两种方式加以改进。

注意口语修辞，让普通人也能听懂专业内容

我国明代文学家赵南星在其著作《笑赞》中记载了这样一个故事：

一天，一个秀才正在门口休息，忽然看见一个卖柴的人走了过来，打算买些。于是他就朝着那个卖柴的人喊："荷薪者过来！"卖柴的人是个粗人，不明白"荷薪者"是什么意思，不过他听懂了"过来"两个字，于是就挑着柴到了秀才面前。

秀才指着柴问："其价如何？"卖柴的人不知道他说这话是什么意思，但听到"价"这个字时觉得和价钱有关，于是告诉了秀才价钱。秀才看了看柴火，接着说："外实而内虚，烟多而焰少，请损之。"秀才的意思就是，你的柴外表是干的，里头却是湿的，烧起来会浓烟多而火焰小，请减些价钱吧。

这次卖柴的人实在听不懂秀才的意思了，也猜不出来，于是挑着柴扭头就走了。

这就是"秀才买柴"的故事。这个故事虽然简短，但意义深刻，尤其对于我们进行沟通交流，以及当众讲话也有着重要的启示意义。比如我们在当众进行讲话的时候，有好些人都如同那名秀才一样，说着许多令人难以理解的高深知识，结果让听众一头雾水。

我们应该记住，当众讲话的目的是让听众听懂我们的话，而不是卖弄自己的学问。我们的讲话如果涉及专业内容，更应该注意这个问题。

为了普及理财知识，预防金融诈骗的发生，兴华社区邀请了银行的胡

经理来到小区，为居民们讲解相关的金融知识。

胡经理是科班出身，拥有金融硕士学位，在银行已工作五年，知识和经验都很丰富，常常以金融专家自居。

在会议室里，胡经理意气风发，面对近百名社区居民讲起了金融知识。为了显示自己的专业能力，胡经理在讲话时大谈各种金融理论，还夹杂着大量的专业术语，比如“年化”“债权人”“出借人”“质押”“第三方担保”“标的”等等。当讲到这些专业术语时，他也不做过多的解释。

在台下听讲的社区居民里，多半是六七十岁的老人。他们的头脑反应速度原本就跟不上胡经理的讲话速度，再加上胡经理又说了那么多的专业术语，更是听得一头雾水。许多人站起身来，拉开后门走了。十几分钟之后，会议室里只剩下不到三分之一的人。可是胡经理还沉浸在自己的演讲之中，丝毫没有意识到犯了当众讲话的大忌。

像胡经理这样的错误并非个例，许多人都会犯。试想一下，你会和一名小学生讲微积分、黑格尔哲学、发动机原理等知识吗？我想你不会，因为你讲了他们也听不懂。所以，当胡经理夸夸其谈地用各种专业术语讲解金融知识的时候，因为听众不能理解，他变得如同对着空气说话一般。

为什么会出现这种情况呢？原因很多，主要有以下三点。

首先，炫耀心态，目的就是让听众看重自己。殊不知听众最讨厌的就是这种自高自大的人，你想建立权威，听众偏不买账。

其次，不懂装懂，怕给听众留下无知的印象，所以就胡乱堆砌各种专业术语来掩盖自己的知识不足，其实这是十分不明智的做法。另外，一旦听众中真的有专家到场，你的表演将很快被揭穿，那时将更无地自容。

再次，专业化的表达。一般情况下，专业化表达能够更凸显一个人扎实的知识和独到的见解，更能显出一个人的能力。但对于听众而言，过于专业化的表达就是一个巨大的沟通障碍。毕竟，越是专业的东西就越深奥，就越不被多数人所了解，听众理解起来也就越困难，还容易产生误解。

如果讲话内容涉及很多难以理解、深奥的专业知识，令听众理解起来有难度，我们此时要做的，就是用通俗的语言将这些专业知识解释清楚、说得明白，而不需要像做学术报告那样专业、严谨。可以根据听众的具体情况，比如是学生还是单位领导，是年轻人还是中年人，大多数人的知识背景如何，进而选择适合听众口味的话语，多运用类比、对比等修辞手法，将专业知识浅显化、通俗化。

2001年10月，苹果公司举行产品发布会，推出了iPod播放器，这在当时来说是一个革命性的产品：质量非常轻，但存储空间非常大。当时，苹果公司的宣传册上大致是这样介绍这款产品的：

这款iPod播放器所搭载的硬盘容量竟然达到了5GB，但重量却不足6.5盎司（约184克），使用起来非常方便。

乔布斯在看到这样的介绍后，心中产生了一个疑问：在那个年份，电子产品还没有特别普及和多样化，许多人并不了解硬盘的概念，也不能想象5GB有多大。他觉得这样的介绍太专业了。

于是，在发布会的现场，他拿出了iPod播放器样机，说："我们推出的iPod播放器，能把1000首CD音质的歌曲装进口袋。"

和之前的专业介绍相比，乔布斯的这句话非常通俗，让听众一下子就对iPod播放器有了一个非常形象的了解。

如果我们想让讲话的内容既保持专业性，又通俗易懂，还可以采用这种办法：将专业知识穿插到某一个生活场景或者亲身经历的事件中。比如，有位医生在介绍"内热过盛"这一中医名词的时候，是这样说的：

火锅大家可能都爱吃吧。我们许多人在吃了火锅之后，当时觉得很爽，但是到了第二天，却常常会出现肠胃不舒服、大便干燥的情况，有的人还会出现牙齿疼痛的情形，非常难受。这个时候，我们不知道是什么原因造成的，也不知道得了什么病，就称自己是"上火了"。"上火"这个词，用中医的术语来解释就是内热过盛。

这位医生把一个抽象的中医概念用生活化的经验加以阐述，使听众非常容易就理解了。

总的来说，过多的专业术语会让听众产生一种疏远感。所以我们在当众讲话遇到专业知识的时候，一定要注意口语修辞，语言越通俗易懂越好。

突然忘词，用幽默段子灵活救场

曾有一个调查组以“你最怕什么”为题进行调查，调查人员询问了三百多人，出乎意料的是，竟有三分之一的人回答自己最害怕在众人面前讲话。

事实也的确如此。许多人在公众场合讲话时，都会产生一股强大的心理和精神压力，继而出现呼吸急促、脸部僵硬等情形，甚至还会有突然忘词的现象发生。

李同学是一名优秀的研究生，今年毕业的时候，导师让他代表该届毕业生进行毕业演讲。李同学学习成绩优秀，专业知识掌握牢固，但是从未面对这么多同学进行过演讲，为此心里非常紧张。

为了这次演讲，一个月之前李同学就开始了准备，写讲演稿，背台词，每天都为这件事忙碌，甚至在一次睡觉的时候，还梦见了登台演讲的情形。

功夫不负有心人。毕业演讲的前几天，李同学终于准备好了，在宿舍中试着演讲了几次，非常流利，也富有表情，李同学的心终于放了下来。

转眼到了毕业典礼那一天，等教师代表发完言之后，李同学颇有信心地走上了讲台，准备发表演讲。上台之前，他的心里虽然有些紧张，但还是颇有自信的，因为之前的几次试演讲都很成功。

但是，当他走上讲台站在话筒前，眼睛往台下一望，只见几千双眼睛齐刷刷地盯着自己，心里一下子就慌了，满脸通红，大脑突然一片空白，把准备好的演讲词忘得一干二净。就这样持续了有一分钟，李同学决定临场发挥，颤抖着说：“同……同学……们，各位……各位大家……好！”

台下的同学们莫名其妙，见李同学如此紧张，竟然还说了错话，不由得哄堂大笑。李同学在台上更加窘迫了，努力想让自己镇定下来，但是适得其反，越想镇定却越镇定不下来，豆大的汗珠顺着额头滚了下来。同学们看到李同学的窘境，都理解了他此时的心情，于是停止了笑声，礼堂里顿时又变得鸦雀无声……

李同学站在讲台上待了两分钟，最后实在想不起台词了，只好跑下讲台。慌乱中一个没注意，又将话筒踢翻在地。

忘词几乎是每个演讲者都会遇到的问题。据调查，至少有百分之六十的人在公众场合发表讲话时发生过忘词的情况。不要说像李同学这样还未正式走入社会的学生，即使是一些“名嘴”也曾发生过忘词的现象。

众所周知，窦文涛是国内赫赫有名的“名嘴”，但是他的好口才并不是天生的，而是经过后天的刻苦训练。在一次担任真人秀节目评委的时候，他还说起过自己曾经“忘词”的糗事。

当时，老师跟他说：“学校最近组织演讲比赛，我看你平时挺爱说话的，你去吧！”

这时候的窦文涛还从来没有参加过演讲比赛，有些犹豫。老师鼓励他说：“挺简单的，就是写篇稿子，然后背下来，到台上说一遍就行了。”

窦文涛听老师这么一说，觉得难度不大，就同意了。写完稿子，经过老师审核通过后，就将其背得滚瓜烂熟。他心想，这次上台演讲应该没问题了吧。

到了演讲那天，窦文涛站在台上向下望去，只见黑压压的一片，心里顿时就有些慌了，于是打算赶紧把稿子背完然后下台。没想到在背到第三段的时候，窦文涛一下子卡壳了，怎么也想不出第三段的内容。

就这样，窦文涛在台上足足站了半分钟，一句话没说，心中渐渐害怕起来。结果，窦文涛在全校师生的注视下跑下了讲台。

讲话者明明在上台之前已经做好了充分的准备，但为什么还会出现忘词这一现象呢？简单来说，众多人的目光就是一种无形的压力，如果再加上其他方面的因素，过大的压力必然会令讲话者产生恐惧心理，进而出现紧张、大脑空白以致忘词等情况。

那么，当出现忘词的情况时，该如何救场呢？经验证明，如果出现忘词的情况，不妨讲一个幽默段子，这样就可以简单有效地起到救场的作用。

章华是公司的市场总监，主要负责国内市场的开拓。在一次年会上，他要当着数千名员工的面介绍本年度的销售业绩。章华担任总监有五年的时间了，类似的大会也经历过不少，所以这次讲话对他来说相当轻松。

可是就在年会的当天，海外部也派代表来参加了，其中一名是海外部的财务审计经理，对数字非常敏感，任何细小的财务差错都逃不出他锐利的眼睛。章华也知道这个人，不过打交道的次数少，并不是太熟悉。令章华不安的是，自己的讲话稿里有许多营销数据，但一些数据因为时间紧并没有仔细核实，现在修改已经来不及了。如果被这位财务审计经理看出问题，那么不仅自己丢人，整个负责国内市场的公司都会颜面无光。

所以，在讲话的过程中，章华不免也有些紧张，以至于说到一半突然忘词，想不起来下面要介绍什么内容了。不过好在他心理素质不错，想起了一个幽默的段子。

他说："刚才提到了我们公司啤酒市场的开拓情况，我忽然想到了一个小段子，有一个人向别人介绍自己的职业，他说自己专门研究和推广一种大众化、具有千年历史、深受海内外欢迎的酿造工艺产品。有人不理解，就让他通俗一点儿，那个人于是便说，卖酒的。"

段子讲完，在场的人都发出了笑声。章华看见那位财务审计经理也露出了笑容，心里一下子轻松了许多，很快想起了接下来要讲的内容。

美国著名作家马克·吐温曾说："人类有一件真正有力的武器，那就是笑。"而幽默正是引爆笑点的导火索。

还有一位演讲大师也说过："有人曾请教我，如果在演讲时忘词了怎么办？我回复说，你可以讲一个笑话，讲完之后，你的心情就会放松，也就能想起要演讲的内容了。如果一会儿又忘词了怎么办？那么你就可以再讲一个笑话，这样能再次缓解你的压力，从而想起忘掉的演讲词。这是一个很好的办法，当你们忘词的时候，不妨试一下。"

幽默的段子是演讲者必不可少的素材。有了这些素材，当我们出现忘词的情况时，就能用它们有效地延续中断的讲话，缓解自己的压力，同时营造友好的氛围，避免让听众对我们产生负面的印象。

不过，当我们出现忘词的情况，想用幽默的段子来救场时，也应该注意所选择的笑话一定要切合讲话的主题，把它和我们所要表达的观点联系起来，而不是简单地说个笑话了事。

准备“醒耳之句”，让金句成为你演讲的灵魂

在当众讲话时，有些人特别喜欢长篇大论。明明给了他半小时的讲话时间，但他总是千方百计地想多说一点儿。他们总觉得，如果讲少了，听众对他的印象就不深刻，对他讲的内容就不会有更多的了解。

但是，尽管这样努力去做了，真正的效果如何呢？恐怕很多时候都不尽如人意吧。虽然讲了不少，但是对于听众来说，却是说了跟没说一样，在大脑中留下的记忆也非常有限。

那么问题来了，说话多但效果差的原因在哪里呢？一般情况下，问题就出现在你的表达上，即话语不够简洁，或者更直接地说，你的表达缺少“醒耳之句”，也就是我们常说的金句。

《创造营2020》是国内一档选秀类综艺节目，在当前众多同类型节目中，并没有太多出彩的地方。然而在2020年5月，这个节目突然引起了网络上的热议，节目的曝光度陡然提升。不过，走红的原因并非来自节目的精彩环节，而是来自一名学员的金句。

当时，《创造营2020》公布了第一赛段的排名，在参赛的101名选手中，陈卓璇获得了第二名。在舞台上，她直接说了一番惊呆所有人的话：“其实还有一件事我一直特别不明白，因为我身边有很多小伙伴都去拍了中插商务广告，但是迄今为止，我一次都没有去拍过，所以我想问问创造营的所有赞助商们，是我站得还不够高吗？如果是，我会像刚才我说的那样，竭尽全力往更高的地方爬，和我的创始人们一起往上爬。”

“是我站得还不够高吗？”这个金句不仅让陈卓璇一夜之间全网皆知，也让该节目的热度上升了一个档次。

许多优秀的电影也是因为锦上添花的金句而更加出彩。有的时候，人们忘记了电影的内容，却对其中的金句印象深刻。比如，《哪吒之魔童降世》中的一句“我命由我不由天”，触动了多少人的内心；《悟空传》中的“生我何用？灭我何用？”，也让人们记住了这部电影。

而在商界，“江小白”这个品牌也是靠走心的金句而备受人们欢迎，从而一炮走红。“我把所有人都喝趴下，就为和你说句悄悄话”“手机里的人已坐在对面，你怎么还盯着屏幕看”……可以说，这些金句字字戳心，真正地触动了人们的内心，从而也让其对产品产生了兴趣。

这就是金句的力量。如果我们在当众讲话的时候，能说出一些金句来，哪怕只有一句，也能达到意想不到的效果。

作为公司的CEO，林佳依每天都在忙碌中度过，抓技术、抓生产、抓管理，经过他的努力，本来不被投资机构看好的小互联网公司竟然在他的手中起死回生，并焕发出勃勃生机。

但是从去年开始，受行业大环境影响，公司出现了业务下滑的现象。在最艰难的时刻，甚至连员工的工资都被拖欠了，引发了一场辞职潮，公司也一度濒临倒闭。好在林佳依力挽狂澜，才使得公司免于破产。

不久前，公司签下了一个大订单，又正好赶上公司成立五周年，所以林佳依决定召开一次大会，给大家低落的情绪打打气。

在大会上，林佳依慷慨陈词，回顾了公司的历史，规划了未来业务的发展。但是，他发现大家情绪依然有些低落，好像对公司的未来没有多大的信心。林佳依决定给员工打打气。

林佳依站在讲台中央，沉默了片刻，环视着大家。员工见林总停止了讲话，也都把目光投向了他，知道可能马上会有大动作。

林佳依见大家的注意力都集中到了自己身上，于是缓慢地说：“我知道此时此刻大家的心情，尽管公司的发展有了转机，但是大家还是为它的前途担心。不过，现在的情形和五年前相比，又算得了什么？

“五年前，公司的办公地点还在一幢民宅里，办公桌只有四五张，员工包括我在内仅有三名。但是在那样的艰苦条件下，我们现在已经成长为拥有百余名员工的企业了。我不知道，难道还有什么困难能难住我们吗？

“三年前，我们这个团队再次面临挑战，几名核心员工的离职，直接给公司带来了不可弥补的损失。但是，我们依旧克服了重重困难，一直走到了今天。我不知道，难道还有什么困难能难住我们吗？

“就在去年，受行业影响，公司也一度出现了困难，工资迟发，员工辞职，甚至到了倒闭的边缘。但是，我们依旧挺了过来。我不知道，难道还有什么困难能难住我们吗？

“而现在，我们虽然有了转机，但危机依然存在，强大的竞争对手虎视眈眈、上下游伙伴的更迭，都使得我们再一次面临着巨大的挑战。不过，我相信，我们一定能够再次团结起来，克服困难，乘风破浪。”

林佳依在演讲中，连用“我不知道，难道还有什么困难能难住我们吗？”这样的金句，迅速激发了员工的斗志，让整个会议达到了高潮。

一般来说，不论是演讲也好，开动员会也好，或者其他讲话也好，如果没有一句可以触及听众灵魂的金句，即使我们讲的内容再多，听众可能也毫无印象。反之，如果我们的讲话中有一句能让听众印象深刻的金句，那么我们的讲话就算成功了。

既然金句如此重要，那么什么样的句子才能算金句呢？一般来说，金句有两个特点。

一是短小精练。金句可能是几个字，也可能是一个短句，但绝对不是拗口的长句或一口气说不完的句子。

二是能够引发听众的情绪共鸣。在你的演讲中，短小精练的句子可能有很多，但是为什么不能将它们都称为金句呢？原因就在于不能引发听众的共鸣。当一个金句说出口的时候，听众几乎马上就会给予反馈，在情绪上被金句所感染。

一个触动人心的金句，无疑会成为你讲话的灵魂，让你的演讲效果大大提升。不过，也有很多人会问：在当众讲话的时候，我也想使用金句，但是金句从何而来呢？又该如何打造呢？这里有几种方法，可以供大家尝试。

1. 直接引用

这主要靠平时留心和日积月累，当你看到好的句子后，可以把它记下来，然后在讲话的时候挑选使用。比如你讲到正处于人生逆境的时候，可以将“若命运不公，就和它斗到底”这句话直接引用，来增强讲话效果。

2. 仿写

打造金句的过程离不开模仿，当然也不能止步于模仿。关于仿写金句，下面的一些方法可以参考。

（1）采用反问句式。这种句式表面上看是疑问句，实际上则是在强调某种肯定或否定的答案。比如在本文的案例中，林佳依所打造的金句就采用了反问句式。“我不知道，难道还有什么困难能难住我们吗？”强调的，就是任何困难都不会难倒我们，我们有克服困难的决心和力量。

（2）采用否定句式。否定句式也是一种判断句式，给某一事物以不容置疑的“判决”，很容易激发听众情绪。比如，“永远不要让情绪影响你的理智”“我们被人欺侮的时代已经结束了”等。

（3）采用转折句式。通常这种句式的连词是“不是……而是”。比如，“富有不是你拥有多少，而是你奉献多少”“痛苦的来源不是外界，而是你的内心”等。

以上就是几种常用的打造金句的方法。当然，学习的意义在于应用，打造出一个脍炙人口且能充分调动听众情绪的金句，更需要在实践中摸索。这个过程可能是漫长而痛苦的，但如果我们想让自己的讲话出彩，那么必须勇敢地直面这一过程。

第四章

打破僵局，以巧妙的谈判策略缓和对立局面

开出高于预期的条件，为自己赢得更多空间

在人与人之间的沟通活动中，有一个特殊的情形——谈判。

说到谈判，人们很容易想到的情景就是两个人西装革履、正襟危坐，正在唇枪舌剑地争论着。实际上，那只是狭义上的谈判。从广义上来说，一切商量、协商、交涉、磋商都叫谈判。

很多人会将谈判误解成专家间的对话，实际上，谈判的成功仅需要不到百分之十的专业知识，更多地取决于沟通过程和人的因素。但这并不是说没有必要学习和了解谈判的知识。要想谈判成功，谈判的基本法则还是必须掌握的。

比如说，谈判的重要法则之一：在开始和对手谈判时，你所开出的条件一定要高于你的期望，以便为自己赢得更多的空间。

李成是一名有着丰富经验的程序员，在所在公司倒闭之后不得不重新找工作。因为能力出众，他很快被一家电商公司看中。这家公司打算聘用他担任技术总监。

此刻，李成正坐在该公司的会议室里，和公司的人事总监刘秋燕进行第二轮面试。李成通过了解，对这家公司也很满意。现在只要在薪水上达成一致，他很快就将成为该公司的员工。

但是，如果双方达不成一致，那么之前的努力都将作废。李成将继续发简历求职，而刘秋燕也将继续招人面试。

“你期望的薪水是多少？”刘秋燕发问。

李成心想：终于到这关键环节了，以后生活质量的好坏全靠这次“谈判”了。不过他也明显听出来对方发问的底气有些不足。李成知道，对方打算让自己入职，但是又担心自己要求太高而无法接受，所以显得有些“怯”。

对于求职者来说，每个人都希望自己的薪水越高越好，但是这种想法虽好，却无法实现。因为高是多少呢？月薪五万元高吗？还有每月能开到六万的呢！所以，还是根据自己的能力现实一点儿为好。

李成心想：在本市本行业，技术总监的薪水在每月两万元左右，而自己的心理预期也是这个水平，但我绝不能把这个底线说出去，先试探一下为好。

想到这里，李成说：“我个人期望薪水能给到每月两万五千元，当然贵公司的岗位薪水肯定也有一定的标准，不知道您这边能给到多少？”

刘秋燕听完李成的话，心里想：公司规定，这个岗位的薪水可以在一万八千到两万二千元之间浮动，李成的要求明显超出了这个范围，即使能力再优秀，也不能录用。但是，他说的仅是期望薪水，应该还有商量的空间。而且他的能力非常匹配这个岗位，从这个角度说，也应该努力将他留下。

刘秋燕说：“我们公司为这个岗位所定的薪水为每月一万八千元，可能和您的预期有些差距。不过，我们的薪水也是根据个人能力有所变动的，如果能力强，那么会在这个基础上有所提升。不知道李先生您的最低薪水要求是多少呢？”

李成听完，心想：公司这个岗位的薪资水平明显低于自己的预期，但是对方也没有把这话说死，说明还有一定的商量余地。不过，也不能把自己底线现在就说出来，说高一点，也许对方能接受呢。

于是，李成说：“您刚才给出的这个薪资水平与我的预期有些差距，但是我还是很喜欢贵公司的环境的，行业的正常薪资水平应该是每月两万一千元，我希望不要低于这个水平。”

刘秋燕听李成降低了要求，而且他希望的这个薪资水平也在公司规定的范围内，心想：如果再和他“砍价”的话，他也许就不考虑入职我们公司了。不如就答应他，满足他的心理要求，将来在岗位上工作会更积极一些。

于是，刘秋燕说：“虽然您这个要求超出了我们所设定的岗位薪资水平，但是您刚才提到很想加入我们公司，认同度很高，所以我们可以给到这个数字。希望李先生将来加入公司后能给我们带来更大的价值。”

李成没想到对方竟然这么爽快地答应了，也有些喜出望外。于是，这场面试以双方都取得了满意的结果而结束。

李成的这次面试是成功的，原因就在于他在谈判之初，就开出了高于预期的条件。美国前国务卿亨利·基辛格曾经说过：“谈判桌前的结果完全取决于你能在多大程度上抬高自己的要求。”大国间的谈判尚且如此，更何况我们身边那些大大小小的谈判呢？试想一下：

在商场购物时，如果你是导购，为什么最初要把价格报到让顾客望而生畏的地步？如果你是顾客，为什么总是会把价格压到你觉得对方根本不可能接受的地步？

当你的物品被损坏后，为什么你要求对方赔偿的价格远远超出损失的程度？

当你在餐馆就餐时，如果发现某个菜品里出现了一只苍蝇，你本打算让店家把这盘菜免单即可，但为什么一开口却让店家全部免单呢？

如果你认真考虑过这些问题，就会知道为什么要在谈判时开出高于预期的条件了。这么做的原因主要有以下几点：

第一，对方很可能会爽快地接受你的条件。有时候，你感觉自己提出的条件是“狮子大开口”，认为对方不会答应。但是，也许你提的要求在对方看来是非常合理的，或者说出于其他原因而同意了你的要求。这样你所获得的成果将远超预期，赢得谈判的胜利。

第二，可以预留谈判空间。如果在第一次谈判的时候就把条件抬得很高，你可以在接下来的谈判中做出较大的让步，让谈判持续下去，以便达到让双方都满意的结果。

第三，可以满足对方的心理需求。因为当对方以低于你最初开出的条件与你达成共识后，会有一种赢得了谈判的胜利感觉，内心得到满足。

谈判之初，开出高于预期的条件，这种手法在谈判中使用得非常广泛。那么有人会问，在具体的谈判过程中，我们该如何设定高于预期的谈判目标呢？

第一，让对方先开出条件。这样可以对对方的想法进行摸底，以便及时调整自己开出的条件，有利于掌握谈判主动权。

第二，如果是在信息不对称的情况下，或者自己已经占有谈判优势的情况下，可以把谈判目标设定得高于预期。不过这样做也有一定的风险，因为一旦形势出现反转，谈判形势对自己不利的话，那么下次谈判将会变得更艰难，甚至失去谈判的机会。

第三，开出的条件可以高于预期，但尽量不要漫天要价。如果开出的条件过高，那么对方可能直接拒绝谈判，也可能难以在谈判中达成共识。

第四，在谈判开始的时候，千万不要一开始就亮出底线，也不能一下子就做出巨大让步，要让对方感到目标达成是来之不易的。

第五，需要提醒的是，在你开出条件之后，一定要让对方感觉到你的条件是可以商量的，是有弹性的，这样即便你开出的条件再高也没关系，因为还可以在接下来的谈判中调整。

总的说来，在谈判时，一定要突破自己的“勇气”，敢于向对方开出你的条件，并且这个条件一定要高于你的预期，这样才能扩大谈判空间，让你在接下来的谈判中游刃有余。

“钳子策略”，让对方自我“较劲”

许多人都不喜欢谈判，因为在谈判的过程中需要花费自己许多脑力和精力。为了说服对方，人们需要给出大量的理由，给出大量的解释，费了许多口舌，最终可能还会劳而无功。

张圆圆是一家公司人力资源部的人力专员。有一天，公司新来了一名客服，由她来安排座位。张圆圆发现客服工位区域已经坐满了，就决定让她临时在设计部的位置办公。

张圆圆领着那名新入职的客服来到设计部办公的区域，看见设计师张珊的旁边还有个空位，就打算让新员工坐在这里。因为这个位置长期没人，所以上面堆满了张珊的东西。

张圆圆对张珊说：“张珊，现在新来了一名客服，打算安排在你旁边的位置上，你赶紧把你的东西收拾一下。”

张珊一听，心里老大不高兴，因为她早已习惯了旁边无人的状态。而且她喜欢安静，不喜欢有人坐得离自己太近。于是，她生气地对张圆圆说：“为什么安排在我旁边？别处没有位子了吗？她是做什么的？”

“她是新来的客服，客服那边已经没有位子了。”

“客服？那不行，你知道我的工作需要安静，太吵了我没有灵感。”

“她是线上客服，主要通过网上联系，不会影响你的。”张圆圆说。

“那也不行。敲击键盘的声音也会影响我的工作！”张珊还是不同意。

这下可把张圆圆气坏了，说：“这是我们部门的安排，别处没有位置了，只能安排在你这里。”

张珊的火气更大了，说：“我不管什么安排，这里就是不让坐人！”说完，她还把椅子推到了一边。

张圆圆还想和她争论，那名新员工见形势不对，就说：“对不起，我不打算入职了，谢谢。”说完转身就走了，留下张圆圆一脸的愕然。

过了几天，公司有一名市场专员入职，需要将他安排在张珊旁边这个位子。

这次，张圆圆吸取了上次的教训，带着那名新员工来到了张珊旁边，说：“张珊，这里需要安排新员工，请把你的东西挪开。”

张珊见又要安排人坐在自己旁边，非常生气，说：“他会打扰我工作的。”

“这里需要安排新员工，请把你的东西挪开。”张圆圆也不和她解释，冷冰冰地说。

“他是什么部门的？会打扰我工作的。”

“这里需要安排新员工，请把你的东西挪开。”张圆圆有些严肃了。

张珊还要说些什么，但看张圆圆一副冷冰冰的样子，只好把想争辩的话咽了下去，非常不情愿地收拾着桌子上的东西。

如果把张圆圆和张珊两个人之间关于新员工座位安排的问题称为谈判的话，张圆圆明显是胜利者。她成功地说服了张珊，让她挪走了放在邻桌上的东西。她的成功，主要在于使用了一种谈判策略——“钳子策略”。

“钳子策略”由美国谈判专家、前总统克林顿首席谈判顾问罗杰·道森（Roger Dawson）提出并命名。“钳子策略”是谈判中的一个技巧，指在谈判中为了迫使对方做出更多让步或接受自己的要求，双方都有一大堆冠冕堂皇的理由，当谁也说服不了对方，甚至可能进入白热化的状态时，其中一方告诉对方自己想要的结果或者要达到的目的，然后就闭口不谈任何理由，只是等待对方的答复。这种沉默所带来的压力会给对方造成一种压迫感，使其最后不得不接受你的要求。

“钳子策略”虽然是现代人总结出来的谈判方法，但在古代也经常被使用，而且屡试不爽。

北宋真宗时期，契丹人南下，朝中大臣惶恐不安，纷纷主张迁都。但是，宋真宗最终采纳了主战派领袖、宰相寇准的建议，御驾亲征，亲率大军渡过黄河。两军刚开始交战，辽军一名主帅就被射杀。

契丹人大惊，便有了求和之意。宋真宗得知后，便派供奉官曹利用出任两军谈判大使。曹利用当面问真宗能接受多少“岁币”（朝廷每年向契丹缴纳的钱物），真宗说一百万两。

曹利用出来后，寇准把他拉到一个无人之处，说：“虽然皇帝答应可以给一百万两，但是如果谈判的结果超出三十万两，回来我就处死你。”

寇准的话可把曹利用吓坏了，他战战兢兢地前往契丹。契丹萧太后和权臣韩德让接见了他，并与他共进晚餐，商议和谈之事。

谈到岁币问题时，曹利用说：“我朝可向贵国缴纳岁币三十万两。”

这个条件肯定不能满足契丹人的胃口，萧太后和韩德让不断地施压，但是曹利用就是不松口，每次问的时候，他都回答：“我朝可向贵国缴纳岁币三十万两。”因为他生怕寇准真的会杀了自己。

谈到最后，萧太后和韩德让见曹利用绝不松口，只得答应了下来。

关于这个故事，虽然出自野史，但丝毫不影响其告诉我们的道理：“钳子策略”是一种有效的谈判方式。

“钳子策略”适合各种类型的谈判，那么其具体如何应用呢？

首先，在谈判的时候，说出你的要求后就停顿，不再说话，静待对方的回答。比如，你作为买方去和卖方谈判时，在对方推销东西并报出自己的价格后，你可以说“你还能给我一个更好的价格吗？”，这就相当于一个钳子。

其次，如果对方加以回应并进行辩解、讨价还价，那么你无须和对方争辩，也无须回答对方的问题，而是重复你刚才所提出的要求，然后继续等待对方的回答。

再次，如果对方继续加以辩解或讨价还价，你仍要像刚才那样，继续重复自己刚才所提出的要求。一定要记住，绝不能先报出自己的底线，而是一定要等对方报出他们的底线后再进行磋商，这样你就能获得更多的利益。

可以说，“钳子策略”是一种非常神奇的谈判策略，一般情况下都能取得令人满意的效果。即使没有达到目的，对自己来说也没有受到任何损失，而且还能让对方处于一种“亏欠”自己的状态中，让自己处于一种优势地位，为后面的谈判打下基础。

运用“白脸-黑脸策略”，轻松掌握话语权

在谈判的时候，还有一个常用的策略，就是“白脸-黑脸策略”，这个策略在谈判中非常有名。也许你没有仔细研究过它，却经常遇到它。

我们小的时候可能会经常犯错。小孩子不懂事，这是正常的现象。每当我们犯错的时候，父亲都会气势汹汹地赶过来，劈头盖脸地训斥一顿，甚至会狠狠地揍一顿。这时候我们肯定是满腹的委屈、不满、气愤。

这时候，母亲会“及时”地出来，先制止了父亲的粗暴行为，偶尔还斥责他一番，然后脸色一变，和颜悦色、轻声细语地安抚我们受伤的心灵，同时教育我们要好好改正，不要再犯同样的错误。

我们就在这种一唱一和、刚柔并济、“恩威并施”中一步步成长。这种典型的严父慈母型教育，实际上就运用了“白脸-黑脸策略”。父亲唱“黑脸”，母亲唱“白脸”，是父母教育小孩的一个传统方式。采用这种策略，小孩子不至于一直处于棍棒教育之下，长大后也不会留下阴影，更不会一直沉溺于娇惯之中，成长为弱不禁风的花朵。

这种“白脸-黑脸策略”更是被广泛地应用于各类型的谈判中。“白脸-黑脸策略”，就是指谈判双方中的一方，把自己的谈判团队分成两个部分：一部分人以强势的姿态出现在谈判桌前，扮演“黑脸”，而另一部分则以友善的姿态出现，扮演友善、和善的“白脸”，双方密切配合，给对方形成一种强大的心理压力，迫使对方首先让步，以达成自己满意的结果。

一般来说，“黑脸”比“白脸”的地位更高，也更权威。他可以是具体的某个人，以真实的身份出现，也可以以一个虚拟的形象出现。

狄更斯在小说《远大前程》中就讲述了这样一件事。主人公皮普是个孤儿。有一天，他正在地里干活，忽然出现了一个逃犯。逃犯饥渴难耐，见皮普是个小孩子且孤身一人，就想让他回村子里取一些工具和食物。

于是这个逃犯好言哄骗，说自己非常善良，而且非常喜欢皮普，不会伤害他。同时他也担心皮普回去后不听自己的话，于是就又对他说：“不过我有个朋友，他的脾气可没有我这么和善了。他脾气暴躁，此刻正躺在那边的灌木丛里，而且他只听我一个人的话，如果你不帮我的话，他就会去找你。”

很显然，这个逃犯所说的那个“脾气暴躁的朋友”是他虚构出来的。而他所运用的正是“白脸-黑脸策略”，而且还奏效了。皮普不知道真假，害怕真的有这么一个脾气暴躁的家伙，最后只好乖乖地按照逃犯的吩咐，给他拿来需要的东西。

“白脸-黑脸策略”如果运用得当，所取得的效果是非常明显的。特别是处于主动地位的一方，往往更喜欢采用“白脸-黑脸策略”来对付谈判者。而且，人们使用“白脸-黑脸策略”的频率远比你想象的要高。当你在与人谈判的时候，如果对方是两个人，那么你就要小心了，因为对方很可能会在你身上使用这一策略。

何琼是某品牌服装店里的金牌导购。有一天，一名顾客见店里展出了一款非常漂亮的裙子，有些心动，便到试衣间里试了一下，感到非常满意。顾客看了眼标牌，上面的价格是888元，她非常喜欢，但又感觉太贵了，于是就和何琼不停地砍价。

何琼刚开始不想让步，因为这个价格已经很优惠了，后来见这位顾客确实有诚意，而且在价格上也能够做出让步，就开出了808元的价格。

这个价格已经是何琼能够给出的最低价格了，但那位顾客还是继续砍价。何琼没有办法，只好决定使用“白脸-黑脸策略”。于是她对那名顾客说："小姐，这已经是最优惠的价格了，不能再便宜了。要不我去问问经理，看看她能不能同意再降一点。"

那位顾客同意了。何琼转身走进了里面的办公室，不一会儿，里面就传出了另一名女性高亢的声音："什么？808元？你这是在开玩笑吗？我们进货价都比这高。赶紧出去，问问顾客还要不要，如果她不接受这个价格最好，否则我们可真的赔本了。"

顾客把这话听得真真切切。何琼出来了，脸上一副无奈的样子，对那位顾客说："小姐，真的不好意思，这个价格我们已经是赔本了，不能再低了。您还要吗？不要我就收起来了。"

那位顾客没有继续砍价，赶紧让何琼把衣服给自己装起来，然后爽快地付了款。

何琼巧施"白脸-黑脸策略"，让顾客买下了那套裙子，而且也让顾客觉得占了便宜，得到了内心的满足。这也是"白脸-黑脸策略"的最高境界。

"白脸-黑脸策略"的使用不仅广泛，而且非常灵活。比如，在谈判的时候，对方对你使出了这个策略，而你在识破了对方之后，也可以对他们反施"白脸-黑脸策略"，虚构一些比谈判桌上的"黑脸"更加强硬的角色。你可以告诉对方，自己也很想满足他们的要求，但是自己也需要对自己的领导负责，如果达不成的话，自己也要向领导请示。如此一来，就可以破解对方的策略了。

总的来说，在所有的谈判策略中，"白脸-黑脸策略"是应用最为广泛、效果最为明显的策略之一。当我们谈判的时候，一定要加以注意，努力识别它，争取应用它。

蚕食策略：一点一点提出要求

谈判的目的就是说服别人，让他们同意自己的想法。但是成功地说服别人并不是一件轻而易举的事，方法得当则事半功倍，方法不当则事倍功半。如果我们正在为谈判的时候如何说服对方而苦恼，不妨学学下面这头骆驼的做法。

有一头聪明的骆驼跟随它的主人四处旅行。有一次，他们进入了一个荒凉的沙漠。到了晚上，主人挑选了一个不错的地方，支起帐篷，铺上毯子，舒舒服服地躺下了。那头骆驼则卧在帐篷的外面。

半夜时分，天气突然变了，呼呼地刮起了狂风，顿时变得非常寒冷。帐篷外的骆驼有些不平衡，它想："为什么我就不能睡在里面呢？

于是，骆驼叫醒了主人，说："善良的主人啊，外面刮风了，我实在太冷了，能否让我进来，和你一起住进帐篷呢？"

主人看了一下四周，说："恐怕不合适吧。帐篷太小了，不能容下咱们两个。"

"那我可否将头伸进来？"

主人看了看，帐篷虽然不能容下他和骆驼，但一只骆驼的头还是完全可以容纳的，于是他就答应了。

过了一会儿，骆驼又说道："主人啊，帐篷里还有很大的空间，我能不能把脖子也放到帐篷里？"主人看了看，又答应了。

又过了一会儿，骆驼说道："主人啊，你看咱们的帐篷还有些空间，我能够试着把我的前蹄放进来吗？”主人觉得可以让它试试。

于是，骆驼就将自己的前蹄伸进了帐篷。骆驼还是觉得有些冷，于是又说道：“主人啊，我觉得我的整个身体都可以钻进帐篷，可以让我试试吗？”

主人很好奇，于是就答应了。骆驼一下子就把身子全部钻进了帐篷。正如它说的，帐篷完全能容下它，但是，可怜的主人却被挤出了帐篷。

如果把这头聪明的骆驼进入整个帐篷的过程看成和主人的一场谈判的话，那么这头骆驼一定十分了解谈判的蚕食策略。

所谓蚕食策略，是一种以少积多、步步为营，逐渐达到预期谈判效果的策略，在谈判领域应用十分广泛。蚕食策略之所以能够奏效，从施行策略的一方看，他能够利用对手心理上感受不到的微小让步，一步步进逼，直到“蚕食”完毕。而在谈判对手看来，小的让步对自己没有多大的影响，可以让步给对方，结果就是让了一小步，再让一小步，让来让去，让出了一个巨大的空间。

蚕食的策略经常被应用到现实生活中，无论是日常交流还是商业谈判，小到生活琐事，大到商业并购，从古代到现代，这种策略无处不在，甚至孩子都能够使用这一策略来得到自己想要的东西。

比如某个周末，孩子吵吵嚷嚷地要去看电影，家长们只要有时间一般就不会拒绝。等到了电影院，他又会向你提出要喝一大杯奶茶，这时家长们会想，既然电影都看了，想喝奶茶的要求还是尽量满足吧。等到电影结束，孩子看到影院门口有卖电影角色手办的，他就会向家长提出要买一个。这时家长可能会想，孩子都高兴一天了，难道最后要让他失望吗？于是家长便又买了手办。

等回到家，家长算了算孩子看电影的全部消费，不禁大吃一惊，实际花费远远超过了预算。试想一下，如果孩子刚开始就提出要看电影、喝奶茶、买手办，家长会同意吗？

不过，孩子使用的只是雕虫小技，真正的谈判高手还能够通过使用蚕食策略，从对方那里得到更多好处，甚至让对方做一些起初不愿意做的事情，即便谈判双方已经就所有问题达成了共识。

张安是数码大厦里的一名电脑导购。有一次，一位顾客看中了一台标价为五千元的品牌电脑。经过双方的讨价还价，张安决定以四千八百元的价格卖给那名顾客。

正当顾客准备付款的时候，张安说话了："这台电脑的配置用来办公绰绰有余，但是如果您考虑稍微加一点钱，升级一下内存的话，那么性能将有更大的提升，作图都没有问题。所需要的钱也不多，再加二百元即可。"

那位顾客想了想，觉得确实如此，花二百元将电脑提升一个档次，也是非常值得的。于是他便同意了。

张安陪同顾客去付款，刚走两步就站住了，指着另外一台电脑说："对了，您刚才说过您业余时间还喜欢做视频剪辑，刚才那台就显得稍弱了一些。看看这款吧，有独立显卡，视频剪辑完全没问题，多加三百元而已，但是能让您做视频时不卡顿，心情也舒畅。"

顾客想了想认为也对，于是就打算拿这款。张安忽然想起来什么似的，又指着旁边的一台电脑说："对了，突然想起来了，独立显卡对散热要求很高，如果机箱内过热的话，就会影响CPU的运行速度。与刚才那台相比，这台机箱比较大，机箱大空间也大，散热也好，而且是双风扇。至于价格嘛，也就再加一百五十元即可，您想啊，单独买一个风扇就不止这个价钱吧！"

那名顾客觉得也在理，于是便付了五千四百五十元，买走了这台电脑。

谈判明明已经达成，却能继续利用蚕食策略，获得更多的利益，这就是该策略的绝妙之处。不过，我们在使用蚕食策略的时候，一定要注意以下几点：

一是要有足够的耐心。因为蚕食策略不是一步就能完成的，如同诱敌深入一样，需要一步步完成，这需要人们的耐心；

二是你所提的要求，一定是对方有能力做到的，否则就会把谈判置于非常危险的境地。

与其他的谈判策略相比，蚕食策略可能会更费时间，甚至会陷入持久战，这就需要你保持足够的耐心。但是，一旦策略取得成功，你可能会获得超乎意料的成果。这时候，你就会惊喜地感到之前所付出的时间和精力是非常值得的。

减小让步幅度，避免触及底线条件

谈判的发生，许多情况下是由双方所开出的条件不一致所致。如果谈判最后成功了，那么说明至少有一方做出了让步，或者双方都做出了让步，而不可能都没有做出让步。但是，做出让步并非一定意味着输，只要没有触及底线条件，就可以说是取得了胜利。

让步是谈判中最普遍的情形，但是千万别小看了让步这样一个看似简单的事情，里面可包含着非常大的学问。

刘岚是一名刚入行的二手汽车业务代表。刚进入公司的时候，经理对新人进行了一周的培训。在正式接待客户前，经理将一份报价单交到了他们每个人的手中，上面标明了每辆车的底价。也就是说，只要卖出的价格超过底价就可以。当然，从公司的角度说，卖出的价格越高越好。

刘岚正式上岗的第一天，就遇到了一个非常有意向的客户。刘岚悄悄地看了一下这辆车的底价，心想：两万五千元，嗯，我报三万应该没问题，留有五千元的让步空间。

当客户听到刘岚的报价后，立刻露出了惊讶的表情，说："小姑娘，你是新手吧，这样的破车也值三万？"

刘岚被对方说得一愣一愣的，心想：难道他是行家？既然这样，而且也看出他有意向购买，我就让一让步，尽快成交吧。

想到这里，刘岚说："这可不是破车。你看……"刘岚就介绍起这车的各种优势来。最后，她说："看出您也有诚意，那我就让您一千，两万九千元，您看怎样？”

“就让一千，好没诚意啊。你看车的这个地方……”顾客又挑了一堆毛病，说，“你刚才说两万九是吧，再降降，否则真的不值。”

刘岚想了想，说：“好吧，我再让您两千，两万七怎么样？”

“嗯，行——”顾客漫不经心地答应着，然后又仔细地看了起来。突然，他又像发现新大陆似的，说：“你看看这里，多大的问题啊……”顾客说，“刚才那个小毛病你给我降了两千，这么大的毛病你怎么处理？至少降三千吧，两万四，怎么样？”

顾客的“狮子大开口”一下子就把刘岚弄得不知道该怎么回答好，两万四已经低于底价了，是万万不能答应的。原本预留了五千元的空间，竟然这样三言两语就被砍掉了。而面对客户的咄咄逼人，刘岚真的感到有些吃不消了。

五千元的预留空间，竟然还不能满足需求，刘岚感到很是奇怪，问题到底出在哪里呢？实际上，刘岚让步的做法没错，让步的次数也在可接受的范围之内，错就错在让步的幅度上。在谈判的时候，我们如果想要让步，一定要注意以下几个问题。

1. 让步的幅度不能一步比一步大

在案例中，刘岚的第一次让步是一千元，第二次让步是两千元，第二次让步的幅度明显大于第一次，所以在第三次，客户才敢大胆地要求让步三千元。这时候如果一口拒绝客户的要求，并告诉对方不会再让步了，那么对方很可能就会拂袖而去。所以说，让步的幅度不能一步比一步大。

正确的做法应该是，如果第一次让步幅度是一千元，第二次的让步幅度应该比第一次低，比如八百元。那么，当第三次客户提出让步要求时，他一般会提出再降六百元。

2. 让步幅度不能一步到位

在案例中，如果刘岚觉得客户有诚意，第一次让步时直接让出五千元，也就是以底价和客户成交，并告诉客户：这已经是我的底价了，不能再低了。你觉得客户会接受吗？

对，客户不会接受。客户肯定还会和刘岚讨价还价，而她已经不会再做任何让步了。他们之间的谈判或许会这样无休止地纠缠下去，进而造成情绪上的对立，最后不欢而散。

3．不能暴露让步模式

这样做会让对方心里产生一个固定预期，对我们是很不利的。还是拿文中的案例来说，如果刘岚第一次的让步幅度是三千元，第二次的让步幅度还是三千元，那么客户心里就会产生一个第三次还会让价三千元的预期，但实际上刘岚已经不可能第三次让价了。一旦客户提出第三次让价，那么这次谈判将会迅速走向破裂，因为刘岚的拒绝不符合他的预期。

总的来说，在谈判过程中，做出让步的最佳方式是：一开始，我们先答应做一些有利于达成交易的合理让步。在随后的让步中，逐渐减小让步的幅度。这实际上就是在告诉对方，这已经接近我们所能让出的最大限度了。

巧用“收回条件”策略，打破谈判僵局

谈判的核心是人。所以谈判的成功，有时候并不取决于事情本身，而取决于人的心理。这就是为什么我们虽然做出了巨大的让步，但对方依旧没有同意的原因，因为对方在心理上还没有得到满足。

比如，有时候我们把衣服价格降到了五十元的最低价，但是顾客依然嫌贵不想买。然而如果我们说一句恭维的话“这件衣服显得你的皮肤更白了”，就可能以一百元的原价卖给他。

也正因为如此，许多谈判高手都善于利用人心理上的弱点来做文章。比如，“收回条件”策略，就是利用了人们“得不到的都觉得是最好的，容易得到的都不会珍惜”这样一个心理弱点。

李玮是某家传媒公司的业务经理，该公司的主要业务是为客户企业做线上推广及公关。几天前，他拓展了一个新客户，对方是一家工艺品制作公司，正在做企业转型，计划把公司的业务从线下转移到线上。经过朋友的推荐，这家公司的老板金厂长找到了李玮，让他给自己出一套线上传播推广方案。

李玮通过微信与金厂长沟通之后，详细地了解了对方的需求，为他制订了一套每年二十万元的线上传播推广方案。金厂长表示接受，并正式邀请他到厂里来做一个详细的介绍，同时签订合同。

李玮非常高兴，按约定准时会见了金厂长。在工厂的会议室里，李玮详细地介绍了这套方案，不断地说明这是品效合一且性价比最高的一种方

案。但是金厂长听完介绍后，撇撇嘴，很不以为然地说："就这么简单？不就是发发文章吗？这就值二十万？"

李玮满以为此次过来会很顺利地签订合同，但是听完金厂长的这番话，他知道，这个合同不会那么好签的，免不了一场激烈的"谈判"。

于是，李玮就耐心地解释："这可不是发发文章那么简单，这里面涉及很多联系，比如渠道……"

李玮解释了半天，金厂长坐在那里闭着眼睛，其实根本没有在听李玮讲什么。等李玮说完，金厂长又开口了："那这样也太贵了吧，发稿是多么简单的事情啊！之前厂里的稿件都是我写的，可简单了。这样吧，发稿的费用优惠些，减去两万吧。"

李玮一听，有些哭笑不得，说："发稿哪有那么简单……"

但是金厂长丝毫没有听进去，等他说完，又继续和他砍价。最后，李玮说："这样吧，我们最后再算一下账。您看，稿件费呢，正常是每篇……"李玮算来算去，算到最后，这个方案的价格竟然达到了三十五万。

李玮装作吃了一惊的样子，说："哇，一个这么简单的方案竟然少算了十五万。真不知道那个做报价的小姑娘怎么算的，这是有问题的。这样吧，金厂长，我看今天您还有好多问题需要了解，等回头我再找时间给您详细解释。今天这个报价也有很大的问题，我需要再和做报价的小姑娘核实一下。非常抱歉。"李玮说完，站起身来就想走。

这下反倒是金厂长着急了，赶紧说："不要走啊！今天约你来是签合同的，合同还没签呢。"

"可是这合同的报价有问题啊。"李玮说着就想走。

"我们之前不是谈好了吗？没问题的。"金厂长一边说，一边对外面喊，"赵秘书，把公司的合同章拿来！"

李玮听完，装作无奈的样子，说："好吧，但是我回去怎么交代呢？"

在案例里，李玮之所以成功地和金厂长签约，就是因为巧妙地运用了"收回条件"策略。"收回条件"策略，指的是原本答应了对方的某些条件，但是在正式签约或生效之前又反悔了，然后将之前所承诺的条件全部收回或部分收回。

优秀的谈判高手都懂得并善于利用“收回条件”策略。一般来说，“收回条件”策略常用于以下几种情形。

第一，对方步步紧逼，而且态度非常蛮横。这种情况下可以使用“收回条件”策略来挫一下对方的锐气，并迫使对方接受自己的条件。案例中李玮所面临的情况就是这样，面对金厂长的步步紧逼，李玮只好使出了“收回条件”策略。

另外有一点要提醒的是，在这种情况下，这个策略还可以结合“白脸-黑脸策略”一同使用。比如李玮可以假装打电话请示领导，让领导来扮成“黑脸”拒不让步，“逼迫”金厂长接受。如果有第二个人在场的话，“黑脸”则可以由他来扮演。

第二，当你已经做出重大让步后，对方依然犹豫不决。这时候，退让已经解决不了问题了，不如进一步，用“收回条件”策略给对方造成压力，迫使对方赶快答应。

“收回条件”策略的目的就是要造成对方的紧迫感，促使其尽快接受条件，否则形势将对自己更加不利。而且，“收回条件”策略的应用方法也很多，比如以下两种。

1. 捕风捉影，夸大其词

这是谈判高手经常使用且屡试不爽的方法之一。在谈判的过程中，那些谈判高手们会恰当地给对方造成一点悬念，让其产生紧迫感，从而产生现在接受已有的条件是最佳时机的感觉，进而要求与自己立即成交，否则他们会认为将错过机会。

当今，这种方式普遍地出现在房地产行业。我们经常会听到房地产销售对别人说：“这楼盘未来有很大的升值空间。现在买了，明天房价就翻倍。”

类似的情形还有：

“原材料价格马上就要涨了，所以我们成品的价格马上就要涨上来！”

“我们进货的地方发生了水灾，很快就要没货了，卖一件少一件，过几天你花两倍的价钱想买都买不到！”

听了这些话，你是不是马上就产生了购买的冲动？捕风捉影，夸大其词，这种方法能极为有效地刺激对方的心理，让对方接受自己的条件。因此，在谈判中，我们一定要掌握好、运用好它。

2. 以退为进，故作消极

有些人会有这种心理：你越是对他让步，对他积极，他越以为自己占据谈判的有利地位，对你开出的条件越是不在意，还想获得更多的好处。这时候，你就可以以退为进，故作消极。这样，他们反而会重视你，重视你所开出的条件。

不过，使用这一方式的时候，有一点要注意：即使对方答应了你所开出的条件，你还是要做出冷漠、满不在乎的态度，要让对方觉得接受这个条件是对他们自己有利的，对他们自己更有好处。否则对方可能还会和你继续谈条件。

“收回条件”策略在谈判中如果使用得当，效果极佳。所以，如果我们想成为谈判高手，一定要学会并熟练运用这一策略。

“最后通牒”策略，制造心理压力

以上各节我们介绍了几种常见的谈判策略。除此之外，还有一些很少使用，或者需要慎重使用，但威力非常巨大的策略，我们称之为谈判场上的“撒手锏”，最后通牒策略就是其中之一。

可碳公司的业务经理赵斌即将抵达易通科技公司，易通科技公司派遣公司的商务代表李小婷负责接待和谈判事务。

李小婷热情地接待了赵斌，把他安排在公司附近的一家五星级宾馆下榻，让他有宾至如归的感觉。到了晚上，李小婷安排晚宴为他接风。与业务相关的领导都到齐了，他们不断地给赵斌敬酒，给足了对方面子。

酒宴进行到一半的时候，李小婷就问赵斌：“赵经理，请问您除了和我们来谈合作，准备在这里住几天呢？我们好安排一下。”

赵斌说：“时间紧，今天周一，我在你们这里仅能待三天。和你们签完合同，周五上午我还要去上海参加一个非常重要的会议，无法耽搁。”

“三天？时间还挺充裕的嘛。您知道我们这里景色优美，是个度假胜地，正好在这里好好玩上几天。”

“不行不行。我们的这次谈判还有好多细节没有定下来，我还担心三天不够用呢。我还是希望能尽快把合同敲定，完成签约，这样我也许能提前去上海。那个会议实在是太重要了，我不能缺席。所以，还希望李经理多配合，尽快把细节谈好。”

李小婷一听，满面笑容，说：“一定一定。这里到上海最晚的航班是晚上六点，从这里到机场要一个小时，也就是说周四晚上五点之前必须签下这个合同，对吧？”

“没错没错。当然还是越早越好。”赵斌说。

“没问题，我们的时间很充裕。这样吧，明天先参观一下我们的工厂，这样对我们公司也能有更深入的了解，签约的时候也放心！”

“参观工厂不是重点，可以放在后面，如果时间允许的话。重要的是合同的细节，我们必须花时间来谈。”赵斌说。

“细节要谈，工厂也要参观。不耽误时间的。”李小婷一再坚持。

“好吧，客随主便。不过千万不要太耽误时间哦!”赵斌无奈地说。

第二天，按照李小婷的安排，赵斌去参观了易通科技公司的工厂。他没想到的是，工厂距离公司的车程是四个小时，到工厂时已经是下午了。赵斌心中着急，匆匆参观完。返程的时候，已经是周三上午，到达公司时已经到了下班时间。虽然李小婷全程陪伴，赵斌也试着谈过合同的事情，但也只是泛泛地谈一些无关紧要的问题。

三天时间就这样白白耽误了两天，赵斌心急如焚，但也不能在下班时间找他们来谈合同。所以周四还未到上班时间，他便等候在会议室里。

但是，李小婷却打电话过来，说自己要稍晚一点过去。赵斌无奈，一直等到十点半，李小婷才姗姗来迟。在上午仅一个半小时的谈判中，自然没谈出什么结果。

到了下午，谈判继续。在来易通科技公司之前，谈判的主动权在赵斌手中，他满怀信心在三天的时间里，让对方接受自己的条件。但是，在最后时刻，李小婷代表的易通科技公司却异常强硬，丝毫没有让步的意思。

转眼到了四点半，谈判还在继续。这时候，李小婷站起来，对赵斌说：“赵经理，我们安排送您到机场的车马上就来了。明天是您重要的会议，千万别误了时间。”

说完，李小婷停顿了一下，看看坐立不安的赵斌，接着说：“正如刚才我们说的，这已经是我们最大的让步了。您看这合同是现在签呢，还是在车上签？”

赵斌进退维谷，如果不尽快签约，那这次就白跑一趟。为了不至于一无所获，他只好答应李小婷“最后通牒”的一切条件。

李小婷巧妙地掌握了赵斌谈判的最后期限，并在时间上加以安排，最后让赵斌不得不接受“最后通牒”，签下了协议。这一例子充分说明了利用“最后通牒”策略的成功性。

所谓最后通牒，就是指在谈判破裂前的“最后的话”，通常是一方对另一方提出某种条件，限其在一定时间内接受，否则就要使用某种强制手段。应用到谈判中，即指当谈判双方因某些问题纠缠不休时，处于有利地位的一方向对方提出最后的交易条件，或者要求对方接受本方的条件，否则本方退出谈判，以此迫使对方让步的策略。

客观来说，在谈判中使用“最后通牒”策略具有非常高的风险性。如果对方对此次谈判并非十分重视，他们对你发出的“最后通牒”也不会太在意，你的策略也就会因此而失败，受到损失的反而是自己。

所以，使用“最后通牒”策略要非常谨慎，这种策略更适用于谈判中占主动权的一方。

另外，在谈判中使用“最后通牒”策略，一定要注意以下几点。

第一，当提出时间限制时，一定要非常具体，“明天下午”“后天中午”这类的表述一定要避免使用，而应该说“明天下午一点”或“后天中午十二点”等更具体的时间。这样会使对方有一种时间紧迫的感觉，使之没有心存侥幸的余地。

第二，谈判者必须语气坚定，不可使用模棱两可的话语，以免让对方抱有希望，以致不愿同意你的条件。

第三，在谈判中，发出“最后通牒”的言辞一定要委婉，但这并不与第二条冲突。因为“最后通牒”本身就具有很强的攻击性，如果谈判者言辞过于激烈，极度伤害了对方的感情，那么对方很可能会因为一时冲动铤而走险，甚至退出谈判，这对双方均不利。

在谈判中，“最后通牒”策略被称为“撒手锏”，但它是一把双刃剑，可能促使谈判成功，也可能中断谈判。所以在使用这一策略时，一定要考虑成熟，分析好利弊，否则后果将难以想象。

特色反问法：让对方不由自主说“YES”

每个人都有这样的心理，自己的事情自己做主，最讨厌别人来决定。谈判也是这样。在谈判中，如果一方总是用教训或命令的祈使句同谈判对手说话，比如“这是最好的……你必须……”“听我的没错……”“我奉劝你们……”，无论换作谁都不会舒服，在谈判场中肯定会处处与之对立，导致谈判很难进行下去。

不过，有些谈判高手却反其道而行之，同样利用人们的这种心理，将命令式语句转换为反问句，让对方自己做主，却能起到让对方不由自主说“YES”的效果。

林金桐是和裕消防设备厂的业务员。小伙子聪明伶俐，说话头头是道，尤其善于揣摩客户的心理，所以业绩非常好。

近期，公司开发了一套智能消防系统，并准备作为拳头产品重点推广。这套系统集动态监测、实时监控、防火监督、灭火救援等为一体，在当地所有的同类产品中，优势十分明显。厂长见林金桐业绩很好，就把开拓市场的任务交给了他。经过仔细调查分析，他决定把锦达工业园作为突破口。很快，他联系到了锦达工业园的负责人王总，并约好了见面时间。

与王总见面后，林金桐了解到园区正在进行升级改造，而“智慧消防”是升级的重点，所以他把和裕智慧消防系统详详细细地介绍了一番，然后说：“听我的没错，这是当前市面上最好的一款产品，非常适合贵园区。”

但是王总似乎并没有显示出多大的惊喜，在听完林金桐的介绍后，很平淡地说："这也没有什么特别的，和市面上的其他产品也差不多嘛！为什么你们报价这么贵？"

林金桐说："也许是我说得太枯燥了，或许我可以给您演示一下。"

王总点点头。林金桐心想：我们的这个系统功能太多了，优势也很多，刚才和他介绍的几乎都是我们的优势，是市面上那些同类产品远不能比的。如果每项功能都演示一遍，估计也很难给他留下深刻的印象。

林金桐带着王总来到公司的演示大厅，站在系统的终端面前。那是一个非常大的液晶显示屏，上面清晰地显示着接入系统的每个节点的运行状况。林金桐指着大屏幕对王总说："您看，这就是我们智慧消防系统的终端。您看分布在屏幕各处的绿色圆点，代表着接入系统的每个节点，绿色表示正常。如果某个地方出现了险情，哪怕是一个小火苗，或达到预警标准的烟雾浓度，我们的系统都能监测到，屏幕上对应的圆点就会由绿色变成红色，而且通过外接的音响发出报警声，值班人员能迅速处理，在最短的时间内将火情消除在萌芽状态。我们要做消防升级，最关键的不就是能及时预警，能将火灾消灭在萌芽状态吗？"

王总听完不住地点头，回到会议室后，就和林金桐商讨签订合同以及后期施工的事情。

一个好产品，固然优点很多，但是如果我们像林金桐第一次向王总介绍消防产品那样，把产品的所有优点全罗列出来，恐怕也难以打动客户的心。此时我们不妨只抓住其中某个最突出的优点，或者客户最关注的优点，然后使用反问的语句将客户说服。林金桐第二次就这样做了，所以取得了成功。

使用特色反问法，能达到让对方不由自主说"YES"的目的，这种方法在古代也多有应用。

在我国的春秋战国时期，诸侯国相互征伐。一次，秦国进攻赵国，赵国无力抵抗，只好向齐国求救。齐国同意援助，但前提是让赵国的长安君做人质。此时赵国执政的是赵太后，而长安君则是她最宠爱的儿子。她听到齐国的要求后，坚决不同意送长安君到齐国，大臣们怎么劝谏都无济于事。

没有齐国的援助，赵国就将亡国。在这危急关头，大臣触龙挺身而出，独自去见太后。太后认为他也是来劝自己送儿子去做人质的，所以态度非常冷淡。

不过，触龙并没有提及这件事，而是先问候太后的身体状况，并提出了养生的建议。太后见他没有谈送人质求齐援赵的事情，便缓和了下来。

触龙随即向太后请求，给自己的小儿子在宫中安排一个职位。太后一听，来了兴致，就问："你们男人也喜欢小孩子吗？"

触龙说："比女人还疼爱！"

太后摇了摇头。触龙于是问："我有个问题，太后您为何喜欢女儿燕后的程度要胜过儿子长安君呢？"

太后说："我更偏爱长安君啊！"

触龙摇摇头，说："父母疼爱子女就要考虑他们的将来。您把女儿嫁给了燕王，一生都将非常幸福。但是对自己的儿子长安君，虽然您给他封官加爵、赏赐无数，但是他对国家没有一点儿功劳。如果您去世了，他既无功劳，也无威信，而如今有个立功的机会，您却百般阻拦，以致国家遭难，那么他如何在国内立足呢？"

太后听完恍然大悟，于是便同意将长安君作为人质，来换取齐国的援助。

触龙巧用"特色反问法"，攻陷太后的心理防线，最后说服了她，同意将自己最疼爱的儿子送去齐国当人质，达到了谈判的目的。

"特色反问法"是非常有效的谈判策略之一，由美国的销售大师哈里·J.弗莱德曼总结而成。他指出，使用"特色反问法"的核心就是把产品的优点植入对方心中。

弗莱德曼还认为，使用"特色反问法"一定要包含三个要素：特色、价值、反问。

1. 特色

特色就是产品最突出、最能打动客户之心的某一特点。在林金桐的案例中，他强调该智能消防系统的特色就是能实时监测、及时报警。

使用“特色反问法”，在介绍产品特点的时候一定要记住，只强调一项最好，不要贪多。

2. 价值

价值就是刚才提到的那项特点能给客户带来什么好处。在案例中，林金桐提到该智慧消防系统具有实时监测、及时报警的特点，能让客户及时处理，将火灾险情消灭在萌芽状态。

3. 反问

本质就是在寻求与客户形成共鸣，把刚才所提到的该特点所具有的价值，以反问而不是强制性建议的方式表达出来，这样很容易得到对方的认同。就如案例中林金桐所说：“我们要做消防升级，最关键的不就是能及时预警，能将火灾消灭在萌芽状态吗？”这句话正好触动了王总内心的真实需求，所以很快就接受了林金桐的建议。

一般来说，相比命令式的祈使句，用反问句更容易得到对方的认同。因为前者比较生硬，又有替人做主的嫌疑，很容易遭到抗拒。而使用反问句，则显得柔和了很多。虽然也是建议对方接受自己的条件，却像是在征求对方意见，对方的抗拒心理就消失了。当你提出的特点、价值正好触及对方的需求时，那么你想让对方不认同都难。

第五章

引导共情，一点点拆掉家庭沟通中的“墙”

放下“权力斗争”，直接表达需求

我们常说“家和万事兴”。“家和”从理论的高度来讲，指的是家庭中人际关系的和谐。家人之间良好、融洽的关系是家庭成员快乐和幸福的源泉，也是事业成功的保障。曾有调查显示，家庭成员的和谐能给每个人都带来满足感，减缓衰老带来的痛苦，延缓记忆力的衰退，促进创造力。

虽然每个人都知道和谐的家庭关系好处多多，但在现实生活中，却总是有意无意地破坏这种关系。

张超和李莲是大学同学，经过五年的恋爱长跑，最终修成正果。两个人的工作稳定，双方的老人也都很健康。结婚的时候，两个人都对未来充满了美好的向往。

但是随着时间的流逝，两个人的感情也慢慢地变淡了。张超正处于事业上升期，为了适应科技的快速发展，他不仅需要在工作之余看大量的业务书籍，还需要带团队、抓管理，以便在职务上也有所上升。为此，他的重心逐渐从家庭偏向了工作。

在刚结婚的时候，家务劳动几乎是张超一个人承担的。买菜、做饭、洗碗、倒垃圾，张超忙前忙后，从不叫苦叫累。而现在，张超把精力投到了工作上，家务的事情就逐渐落在了李莲的身上。

李莲的事业心并不强，工作也比较轻松，早九晚五，从不加班。两个人没有孩子，老人不需要照顾，所以承担起家务来也并不困难。而且，李莲是个知书达理的人，也理解丈夫的苦心。

但是，“时间是把杀猪刀”。时间不仅能增添人的年龄，也能磨平人的热情。最初的时候，李莲也乐于承担家务，还经常为丈夫准备水果、夜宵等。但时间长了，李莲怨气横生，觉得自己越来越像张超的仆人甚至奴隶，对张超也越来越不满。

起初，张超每次下班回来，换上拖鞋就回屋子里看书，李莲就默默地把他脱下的皮鞋擦好，放在柜子里。但时间长了，李莲就感到厌烦了，每当张超进门的时候，她就大喊：“为什么每次都要我提醒，把鞋放好？！”

类似的情况还有很多。吃饭的时候，李莲都会朝着屋子喊：“难道你是皇帝吗？每次吃饭都要人叫！”张超出门的时候，李莲都会喊：“垃圾你就不能带一下吗？你还想让它在家再待上一天吗？”洗完澡，李莲也会喋喋不休地说：“说过多少遍了，不要随便用我的化妆品。”

张超最初总是笑着答应，但时间长了也感到自己在家庭中太没地位了，成了被人呼来喝去的下人。

终于有一天，两人的怒火同时爆发，大吵了一架。李莲哭着回了娘家，见到自己的父母就大诉委屈。当老人打电话询问张超的时候，张超说李莲现在权力心太重了，总想控制自己。

类似张超、李莲这样的情形，在许许多多的家庭中都存在，屡见不鲜。从理论上讲，这属于一种“权力斗争”。人们常说，“有人的地方就有江湖”。“江湖”是什么？无非就是你争我夺，想方设法成为“老大”，号令别人罢了。所以，从这个角度来说，家庭中存在“权力斗争”也不足为奇。

家庭的“权力斗争”主要体现在丈夫和妻子之间。为什么父母和孩子之间很少或者说几乎没有这种情况呢？因为父母和孩子本身就处于不平等的地位。在家庭中，父母比孩子有着先天的优势，后者自然而然地享受着前者的照顾，也就没有“争权”一说。

所以说，家庭中的“权力斗争”只存在于夫妻之间，而且也是夫妻之间产生矛盾、发生争吵的最大因素。但是家庭中的“权力斗争”并非江湖上那种你死我活的争斗，不是非要让对方对自己俯首帖耳才行。

夫妻相处时，生活在一个高度共享的空间里，空间里的一切都属于两个人，个人的所有行为也都会对对方产生影响。当空间中物品的摆设或对方的行为不符合自己的想法时，就会对对方产生不满，并进行纠正。这才是家庭“权力斗争”的含义。

“权力斗争”在全球亿万个家庭中普遍存在，其所带来的危害人们也都清楚——造成夫妻不和、影响情绪、不利于身体健康等等。而说到底，家庭“权力斗争”的产生，归根结底还是家庭成员，尤其是夫妻之间沟通出现问题的结果。

一般情形下，家庭中的某个成员为了争夺“权力”，不是表达自己的需求，而是用情绪将这个需求进行了“包装”，因此在说话的时候总是带着批评、责备的口气，表达上也十分夸张。结果，本可以顺畅的沟通变成了无意义的争吵。

比如在案例中，李莲的需求只是让张超在上班时顺便扔个垃圾，但她却把自己不满的情绪加了进去，结果让张超听起来仿佛是指责自己懒惰，从不倒垃圾、从不做家务一样。这样的话，换作谁都要生气。

试想一下，如果李莲直接表达出自己的需求，又该是怎样的结果呢?

“出门的时候麻烦带上垃圾吧。我知道你很忙，但是带垃圾也并不影响你上班，反而能让我省去了下楼的麻烦。”

这样的直接表达很朴实，即使不能让张超心甘情愿地去做，至少也不会让他产生强烈的情绪波动。

即使在批评对方的时候，你也不能用“你家务从来也不做”“你总是把我的化妆品弄得乱七八糟”等夸张、歪曲事实的表达。因为如果你这样说了，对方就会用“我不是从来”“难道昨天的家务不是我做的吗”等来进行反驳，不但否认被批评的事情，还反过来说你不讲理。当对方反驳你的时候，你心里肯定会觉得委屈，也一定会再次加以反驳。于是你们之间的矛盾就这样升级了。

幸福的家庭有一个共同点：家庭成员中没有强势的人。所以，在日常的相处中，大家不要过于按照自己的想法要求对方。更要在沟通时直接表达自己的想法，而不要把自己的情绪夹杂其中，更不要使用夸张的表达、冷嘲热讽的语气、责备的口吻。

表达感受而非想法，有助于疏导情绪

家庭是一个人幸福的港湾，当你在外漂泊累了的时候，家庭会给你慰藉、给你温暖，让你的心灵归于平静。从某种程度上说，家庭对一个人的情绪影响非常大。当然，这种影响也分为两种：一种是让人产生好的情绪，一种是让人产生坏的情绪。如果是前者，把家庭称为港湾毫不夸张；但如果是后者，家庭恐怕就成了令人恐惧的龙潭虎穴。

为了照顾孩子，小张夫妇把小张的母亲接到了家中。平日里，小两口都要忙于上班，孩子就由母亲照看。小孩子刚刚两岁，虽然有些调皮，但总的来说非常可爱。母亲对这个孙子真是喜欢得不得了。

母亲在照顾孙子的同时，还帮助小两口买菜做饭，收拾一下房间。虽然有些忙碌，但想到能和可爱的孙子在一起，并能够帮助孩子们做些事情，也是非常快乐的。

最初的时候，一家人相处得还非常和睦，你谦我让，幸幸福福。但时间一长，小摩擦就出现了。不过俗话说，“勺子总有碰锅沿的时候”，一家人整天相处在一起，摩擦肯定是不可避免的。

年轻人不太注意细节，小张的妻子小刘总是习惯在洗漱完之后把化妆品乱扔乱放。等她走后，母亲就帮助收拾。但母亲对化妆品了解得不多，摆放的时候也很随意。每次回家，小刘看见胡乱摆放的化妆品就很不高兴。有一瓶补水液严禁倒放，但母亲经常将其倾斜甚至倒放，这让小刘很是生气，心想：这不是给我添麻烦吗？

有一天，小刘回到家中，发现一件化妆品不见了。那件化妆品价格昂贵，几乎花了她半个月的工资。她非常着急，找来找去，最后在放发卡的盒子里找到了。而这时，小张的母亲进来了，小刘立刻对着她说：“你以后别收拾我的东西了！你这样把我的东西搞得乱七八糟的，整天就是在给我找麻烦！”

小张的母亲一听，顿感十分委屈，心想：我好心帮你收拾，不但没有听到一句好话，反而遭到了强烈的指责，我图什么啊！她越想越委屈，跑到房间里大哭了一顿。

小刘没想到自己的话让婆婆如此伤心，但也不知道如何安慰才好。恰好小张这几天出差没在家里，小刘就想等小张回来再说。但是让她没想到的是，第二天一早，小张的母亲连招呼都没打就回家了。

小刘对那天所说的话更是追悔莫及。

许许多多的家庭矛盾就是这样产生的。是家庭成员之间有深仇大恨，或者说有成见吗？恐怕很少。事情也很难说谁对谁错，只是各自的习惯而已。而且，大家做事的初心都是为了这个家庭的舒适和温馨，所以更不应该加以指责。归根结底，问题还是出在家庭成员之间的沟通上。或者说，在我们与家庭成员沟通的时候，只说出了自己的想法，而没有表达出自己的感受。

关于“想法”和“感受”这两个词，很多人都难以区分，很难感受到它们之间的差别。看下面两个句子。

第一句：我觉得今天的家务真难做。

第二句：今天的家务太难做了，我很郁闷。

第一句只是一个判断，表明今天的家务难做，是自己内心的想法，没有表达出内心的感受。第二句讲了家务太难做的感受，就是郁闷。

也有人说，这两句话在本质上有什么区别吗？为什么我感觉是一个意思呢？

没错，这两个句子看起来没什么差异，但是在现实中你分别说出，会得到不同的结果。当你与家人交流沟通时，如果你想让对方理解自己，那么建议你使用第二句，表明自己的感受；当你与家人产生摩擦时，也建议你用第二句，说出自己的感受，而不是直接说自己的想法。这样有利于缓和矛盾，疏导双方紧张不安的情绪。

说到这里，可能还有人会问：我还是有些不了解，究竟什么是感受呢？在与家人沟通的时候，我又该如何表达呢？所谓的感受，一般就是指情感、身体感觉、心情或精神状态，也就是我们在整个事件过程中所产生的各种情感体验。具体来说，大致可分为喜、怒、哀、惧、爱、恶等，加上强弱程度，就形成了丰富的词汇。

但是，也有很多人会说：为什么在沟通交流的时候，我说不出自己的感受呢？其实对许多人来说，发现并表达感受是一件很难的事。我们很容易说出“你真的一点儿责任心都没有”“你的眼里根本就没有我”等各种各样的想法，却很难说出“我感到非常踏实”“我非常痛心”。

为什么会这样呢？这可能与我们从小受到的教育有关。在我们小的时候，家长和学校就教育我们要听话，家长说要听老师的话，老师说要听父母的话。在这种教育下，我们从小学会的就是遵从别人，远离自己的内心感受。比如说，当我们不小心受伤疼痛难忍的时候，父母总会说：“不要哭，你看看××，像你这么大都出息了。”于是我们压抑了自己的感情，久而久之，我们就使自己的情感变得麻木。长大后，即使我们心中是难过的，也不能体会。

不能表达自己的感受是可悲的。我们只有能够表达自己的感受，才可以在与人沟通的时候，去体会、去理解别人的感受，从而才能达到一种共情的状态。如果你连自己的感受都不能体会、不能表达，还能指望你去理解别人的感受吗？

当不能表达内心感受的时候，我们就会表达自己的想法。比如，当我们劳累一天回家后，看见满屋的狼藉，心里一定是很生气的，但是我们偏偏不把这种感受说出来。我们不会说“你把家里弄得这么糟，我很生气”，而是直接说出当时内心的想法：“你就是天天给我找麻烦！”

这两句话，你觉得哪一句更好一些呢？没错，第一句。所以，在我们日常和家人相处的时候，要多表达自己的感受，而不要总是直接陈述自己的想法。我们习惯了使用表达感受的句子后，就会发现，家人们更容易理解我们真实的情感了，从而也降低了攻击、反驳的可能。

另外，表达内心的感受也是智慧示弱的一种表现。我们传达给对方的信息是：自己不想争输赢，只是想沟通与交流，解决问题。这样能从很大程度上避免争吵的发生。

想安慰人，别说“不要想太多”

人的一生，潮涨潮落，路途并非总是平平坦坦的。任何人都会遇到不顺心的事情，都有需要安慰的时候。有些人在遇到挫折的时候，口口声声说自己足够坚强，用不着安慰，实际上他们才是最需要安慰的人。

提到安慰别人，许多人以为这是一件很容易的事情，实则不然。许多人对家人非常关心，当家人处于痛苦的时候，出于好意对他们进行安慰，但是不知道为什么，我们越是安慰，家人反而更难过了。

郑会是独生子，从小就深受父母的宠爱，虽然家里的条件不是太好，但父母总是把最好的东西留给他，含辛茹苦二十余年，终于将郑会拉扯成人。后来郑会也很争气，事业有成，找了个贤惠的妻子，还生了个可爱的女儿。

郑会在城里安家之后，也常想把父母接过来，但父母怕打扰他们的生活，就拒绝了。今年，父亲不幸去世，为了照顾母亲，郑会就把母亲接了过来。

郑会的妻子知书达理，处处为老人着想。但是，母亲总也走不出丧夫之痛，时常一个人翻看着父亲的照片发呆，有时在阳台上一坐就是半天，不吃不喝。这让郑会夫妻两人十分担心。每当这个时候，郑会在一旁也显得手足无措，不知道该如何安慰，只是不住地对母亲说：“不要想太多！”

但是，在这种情况下，他的母亲能不想很多事情吗？

我们在安慰别人的时候，也常常会像案例中的郑会一样，说“别想那么多”。结果，不但没有安慰好对方，反而更让对方伤心、难过了。于是，当一些人面临越安慰越糟糕的情况时，就会产生一个误解：安慰别人是一件费力不讨好的事情，与其让双方都不愉快，还不如退避三舍，躲得越远越好。

其实，安慰别人从初心来说，是完全正确的。即使你没有安慰好别人，甚至出现越安慰越糟糕的情况，但事情过去一段时间后，对方想到你曾经在其最需要关心的时候安慰过自己，仍然会对你持有好感。而且，你在安慰对方的时候，也是在安慰自己，给自己心灵上的慰藉，这何尝不是一件好事呢？

更何况，如果需要安慰的是你的家人，当其不能走出伤心、难过的圈子，对你的生活难道不会造成影响吗？你还会置之不理吗？

当然，这里不是鼓励你盲目地去安慰家人，像我们开头所说，安慰也不是一件容易的事情，需要技巧和方法。面对身处痛苦之中的人，“不要想太多”是最没有用的一句话。因为痛苦的消除并不能以人的意志为转移，不是我们想不痛苦就不痛苦。所以，我们不能用“不要想太多”之类的话去安慰别人。

另外，除了不要说“不要想太多”之类的话，下列行为也必须加以禁止，否则也起不到安慰的作用。

1. 不能站在自己的角度去看待对方的难处

每个人的悲喜不同，站在你的角度看，也许不是什么难题，但是在对方身上，却是重如千钧。

比如，你的爱人是个内向的人，不喜欢和别人来往，但是公司却经常举行聚餐或团队拓展等活动，为此她感到非常苦恼。而你却是一个非常外向的人，喜欢交友等。如果站在你的角度看，爱人所面对的问题根本就不是问题，反而是件快乐的事。如果这样的话，你根本就不可能安慰好对方。你要从对方的角度去理解，才有可能找到解决问题的关键。

2. 不要否定家人的感受

这种情况尤其容易发生在父母和孩子的沟通上。小孩子在情绪上低落的时候，家长往往会不以为然，认为孩子这是矫情、小题大做。

比如，孩子告诉我们，他（她）遇到了一件难过的事情。我们却认为这是一件很平常的事情，就会对他（她）说："我以为是什么大事呢！芝麻粒大的小事，你也能感到生气？你是气气虫吗？"这样的回答会让小孩的心理受到伤害，因为孩子讲了自己的真实感受，却被家长否认了。如果这种情况长期存在并逐渐积累，还会产生更严重的后果——孩子将不再愿意和你沟通交流，不再愿意和你说他的感受，不再愿意和你说他的想法。久而久之，长期的不良情绪积压，还可能造成抑郁症的发生，甚至发生自残的后果。

3. 不要带着负面情绪去安慰

我们一定要展现出一种积极向上的气场，让对方觉得有了依靠、有了光明。如果我们本身就是负能量在身，怎么能让对方走出阴霾呢?

4. 不要一味责怪对方

即使是出于关心和爱，也不能一味地责备对方。尤其是当对方心情低落沮丧的时候，责备更是一种不可取的应对方式，不仅安慰无效，还会让对方更加无助。

在安慰别人的时候，以上这几点一定要严格避免，否则很容易出现越劝越糟糕的结果。相反，你可以从以下几方面入手，很容易就能将对方安慰好。

1. 让对方释放压力

正如一首歌曲唱道："男人哭吧哭吧哭吧，不是罪……"即使心如磐石的男人在难过的时候哭上一阵，也丝毫不影响其男子汉大丈夫的气概。

而且，如果哭出来，就能够将心中的压抑和由其所带来的痛苦全部发泄出去，有利于重新振作起来。所以，当家人伤心难过的时候，我们也可以不说任何安慰的话语，只是陪他（她）痛哭一场，同样能缓解家人的痛苦。

2. 告诉对方真实情况

人之所以痛苦，是因为在追求错误的东西。家人也许会和我们说：“只要我每天晚上不吃夜宵，就一定能减肥成功。”但结果却是，减肥非但没有成功，身体反而虚弱了下去，而自身也陷入了痛苦之中，反复问自己：“我为什么就不能成功呢？”这时候如果我们一定要去安慰对方，也一定要把真实的情况相告，这样的减肥方法是不对的。否则，对方将继续陷入这个死循环之中，无法脱离“苦海”。

3. 为对方指明方向

很多时候，对方排斥我们的安慰，是因为我们对其走出困境毫无帮助。即使我们让对方暂时止住了悲伤，但现实的困境还摆在那里没有解决，对于痛苦的心情还是于事无补。所以，在安慰对方的时候，我们可以提出指导性的意见，告诉他（她）该怎么做，或者和他（她）一起想下一步的对策。这个问题解决了，他（她）自然而然就好了。

人生在世，总会遇到不顺利、痛苦的事情。当家人处于人生低谷的时候，我们仅仅安慰他们“不要想太多”是不能让他们缓解痛苦的。当然，我们也不能无动于衷，任凭他们处于痛苦之中。如果我们不知道如何安慰家人，不妨尝试一下上文所介绍的方法，也许会收到意想不到的效果。

道歉的方式比道歉本身更重要

人免不了犯错，错了就道歉，这是人之常情，即使在家庭成员之间也应该如此。真诚的道歉，是缓和对立矛盾、修复破裂关系最简单、最有效的方式。然而，道歉这个场景，又最是让人紧张和尴尬。

在家庭里，孩子们的关系很简单，一句真诚的“对不起”，双方就放下了。而成人的世界却异常复杂，明明很简单的道歉，则如同世界难题一般，让许多人百思不得其解。为了道歉，多少人陷入误区，多少人迷惑不解，多少人为之抓狂。

大庆和小米结婚六年了，两个人感情和睦，夫唱妇随，被单位和邻里誉为模范夫妻。但是有一天，这对模范夫妻却打起了冷战。

原来近期大庆和小米正在备孕，准备迎接他们爱情结晶的到来。为了能够生一个可爱健康的宝宝，小米给大庆“约法多章”：不准在屋内吸烟，也不准让朋友在屋内吸烟；不准在家里饮酒，也不准带朋友来家里饮酒……大庆满脸堆笑，一口答应。

最初的时候，大庆严格遵守这些“章法”，从不在家里吸烟、喝酒，小米非常满意。有一天，小米的母亲生病了，小米要回家住几天。大庆因为要上班，就没有陪着去。

小米不在身边，大庆感觉约束也少了。独自在家的时候，感觉出去抽烟太麻烦，于是就像以前那样在屋里抽了起来。这一天，大庆收到消息，自己的大学同学大硕过来出差，便热情地把他拉到家里来住。为了给同学接风，大庆买了酒菜，在家里摆起了“酒席”。两个人又吃又喝，烟自然也没少抽。

第二天，同学走了，大庆也上班去了，打算下班再收拾。谁知道小米突然回来了，一看见满屋的狼藉，顿时气就不打一处来，等大庆下班回家后，狠狠地把他数落了一番。按照往常，大庆肯定要赔礼道歉，但是这次大庆觉得自己没错，只不过是因为小米提前回来而已。所以他就一赌气，便又去找大硕吃饭去了。

大庆和大硕两个人边吃边谈，又喝了许多酒，快吃完的时候，大庆才说了和妻子闹矛盾的事情。大硕感到过意不去，而且认为大庆确实做得不对，应该向妻子道歉。经过大硕的一番劝导，大庆也有些懊恼，决定回家向妻子道歉。

回到家的时候，小米已经收拾完了房间，正坐在沙发上生气呢。大庆坐到她的身边，说：“对不起啊！快别生气了，我不再喝酒了还不行吗？”

小米看他酒气熏天地坐在自己身边，而自己累了半天连口饭都没吃，火气更大了，朝着大庆大喊一句：“你这是道歉吗？是气我吧！”说完转身回房，把门一锁，再也不理大庆了。

道歉的方式千万种，效果也并非完全一样，不是所有的“对不起”都能换来“没关系”。有的人犯了错误，跪在对方面前说了一个小时的好话，结果也没有得到对方的原谅；而有的人仅仅说了一句“对不起，我错了”，就能让对方爽快地接受道歉，并和好如初，甚至关系更加密切了。

为什么会这样呢？如果我们也给别人道过歉，那么就深有体会：对方所在意的并不是道歉本身，而是在乎我们的道歉方式。

道歉的方式很多，但是哪些方式能够换来对方的原谅，哪些方式则只能火上浇油呢？

下面列举一些常见的错误道歉方式。

1. 逃避责任式

这种道歉方式最典型的表达就是："对不起，真的很抱歉，给你带来了那么大的伤害，我从来没想到你会这么在意……"瞧瞧，这种表达的含义就是：虽然我错了，但是最主要的原因是你太在意了。这是非常典型的逃避责任的表达方式。

类似的表达方式还有："如果我的行为给你带来伤害的话，那我现在正式向你道歉，不过你也应该明白，我是为这个家着想……"看看，这样表达含义多么露骨，"是为了这个家我才这么做的"。言外之意，这不是我的错。这哪里是在道歉，分明是在推卸责任、洗白自己嘛。在现实中，好多人还都喜欢用这种语句。但这样的话谁听了都会生气，多数会回应几句，如果你再加以辩解，这矛盾必然升级了。

2. 极力辩解式

这种方式最典型的表达就是："对于这件事，我想向你道歉，但是你听我解释……"一个"但是"，就把重点转移了，前面所说的重点是道歉，后面的重点便是辩解了。也许你的理由千千万，也许你只是想把事情说个明白，但对方可不这么想，觉得你这不是道歉，而是在找借口，一个最本能的回应就是："即使像你说的……，你就可以那么做，那样伤害我吗？"一句话把你的万千理由全部驳倒，你也白费了一番口舌，还不如不说。

3. 给道歉加上前提

比如当你和你的爱人吵完架后，你觉得自己错了，打算向爱人道歉，以缓和矛盾。于是你对他（她）说："如果我让你伤心了，那我可以向你道歉。"从逻辑上来说，这种说法没问题，毕竟对方伤心了，所以你要向他（她）道歉。但是仔细分析，感觉有些不对：对方伤心，是因为你做错了。你现在是为你的错误道歉，却强调对方伤心了这个前提，只会让人觉得你是在怪罪对方。

4. 讨价还价式

自己犯了错，向对方道歉，一上来就说：“对不起，我刚才做错了事，不该惹你生气，你能原谅我吗？”这种道歉也太简单了吧。一开口就要求对方的原谅，如果道歉能这么简单的话，家庭中早就不会有争吵、矛盾了，每个家庭都将和和睦睦了。

讨价还价式的表达还有很多，比如说：“我给你买束花，你能不能够原谅我？”这也是一种令人心烦的讨价还价式道歉。难道我的伤心就只值一束花的钱吗？难道我的感情就是一种廉价的交易吗？无疑，这种方式只会令对方反感，这种道歉方式也最终无效。

5. 画蛇添足式

道歉完了，对方也有了原谅你的意思，但是你非要再加上一些无关紧要的话，比如一番道歉之后，又说：“千万不要再生气了哦，不然我会伤心的。”这句话让对方听起来会抓狂。因为对方听起来，这话好像在说：明明是你伤害了我，如果我不原谅的话，你反倒成了受害者，归根到底还是我自己的错。如果对方这么想，你觉得你的道歉会有效果吗？

6. 有错不改式

丈夫每天洗漱的时候，都要把浴室弄得很脏，妻子每次都要收拾好半天，非常辛苦。为了这件小事，妻子经常提醒丈夫每次洗漱完毕后都要把浴室收拾干净。但丈夫每次都是痛快地答应，下次洗漱的时候还是把浴室弄得很脏。这次妻子真的生气了，把丈夫数落了一番，就趴在床上大哭起来。丈夫见妻子这次真的生气了，也很后悔，于是就向她道歉。但如果你是妻子，你能接受这种道歉吗？与其口头道歉，还不如每次都把浴室收拾干净。实际行动才是最好的道歉方式。

7. 背台词式

丈夫惹妻子生气了，决定给她道歉。为了这次道歉，他还精心请教别人，上网络查询，最终写好了一篇道歉稿，并花了两个小时的时间，背得滚瓜烂熟。到了晚上，他来到妻子面前道歉。虽然这番话内容正确、态度诚恳，但就是说话过于流利，如同背书一般，明显就是排练过的。妻子的火气又上来了，心想：你这是在敷衍我吗？根本没有诚意！

以上就是在家庭日常生活中常见的错误道歉方式，不知道你是否踩过这些“雷区”。

实际上，有效的道歉方式很多，最主要的一点是我们能够真正地认识到自己的错误，确保自己的道歉是真诚的、发自内心的，同时能够避免以上那些错误的道歉方式，那么我们的道歉就能够被对方所接受。

如果我们的道歉不是真心的，每个人都能够看得出来。道歉，不是为自己狡辩的伎俩，更不能用来骗取别人的宽恕。我们必须感到自责，勇于承认过失，真心地道歉，才能换来对方的宽恕。

就算真的事出有因，我们也不要急着辩解。最好是经过道歉，让对方的火气消了之后，我们再好好解释也不迟。

比如，爱人在家里做饭，准备吃火锅，让我们在下班回来的路上买些羊肉，结果我们却空手而回。爱人非常生气，好端端的一个火锅宴因为没有羊肉成了大涮菜。这时候我们最好不要解释原因，而是诚心诚意地道歉，主动地端饭端菜、刷盘子洗碗。等爱人的火气消了之后我们再解释原因：是因为错过了肉店而不好掉头，或者因为肉店提前关门了。无论哪种原因，爱人肯定都会原谅的。而如果爱人正在气头上，即使我们的理由再充分，他（她）也不会听我们解释的。

总的来说，道歉是解决争吵、化解“冷战”、缓和矛盾的最佳方式，同时也可以利用道歉的机会，让家庭更加和睦。

和长辈聊天，学会“情绪碰情绪”

在家庭的成员组成中，除了夫妻二人、孩子，还会有双方的父母等。在家庭成员的沟通中，我们往往会特别重视夫妻之间的交流、父母与孩子的交流，而忽视晚辈与长辈之间的交流。也许是从小就被长辈宠爱、被他们包容习惯了吧，哪怕我们已经成年了，还习惯于把自己当成小孩子，习惯于处在他们的照顾之下，而忘记了我们现在已经到了需要照顾他们的年龄了，到了要顾及他们情绪、情感的时候了。

这几天，小张有一种感觉，就是每次回家，父母的唠叨越来越多。一天，小张正坐在沙发上看电视。这时爸爸凑了过来，坐在了旁边，也假装看电视，但不时地偷偷看一眼小张，一副欲言又止的样子。

小张却被电视剧情节所吸引，完全没有注意到父亲的表情。

就这样大概过了二十分钟，这集电视剧终于结束了，到了广告时间。小张终于把思维从电视剧中抽了出来，伸了伸懒腰，打了个哈欠，猛然发现父亲坐在旁边，看着自己，仿佛有什么话要说。

小张于是便问：“爸爸，您有什么事情吗？”

父亲反倒有些不好意思了，说：“没——没什么事情，就是想看看电视。”

“哦。”小张应付了一声，就继续看电视。但他总觉得父亲老不时地看自己，就转过头来，有些不耐烦地问：“您有什么事情吗？有就直接说就行了。”

父亲有些尴尬，说："哦哦，也没什么，听说你最近换工作了，是做什么的啊？"

小张说："嗯嗯，是的，主要做碳达峰、碳中和。"

"碳达风——碳中核——哦哦，就是风能发电和核能发电吧！"

"什么啊，这都是风马牛不相及的事情。我们这是高科技、新兴产业！"

"哦哦，那就是说工作很不错了。"

"那当然，现在国家最重视这块了，前景光明。"

"那你平时都干些什么呀？你之前不是做广告的吗？为什么要转行呢？"

"我——我——唉，说了你也不懂，还是别问了，看电视吧——"

小张说完，就继续看起了电视，只留下父亲一脸尴尬地坐在那里一动不动。

类似小张这样的生活场景，相信我们也一定遇到过。而且在日常生活中，我们经常听到长辈的抱怨：

"不知道为什么，最近和孩子说话，总感觉他在应付我，我说的话他好像全听不进去。"

"我家孩子是个非常外向的人，在外面朋友很多，和谁都能聊得来，但一回到家里，和我们就没有什么话说。"

不光长辈，就是我们自己也有这样的感觉：随着我们慢慢长大，和长辈的关系却越来越远了。有什么事宁愿和朋友说，或者在网络上宣泄，也不愿意和长辈交流。但回想起小时候，每天最盼望的事情就是放学回家和长辈沟通聊天，心里想什么，嘴上就说什么。但是为什么我们长大了之后，反倒和长辈之间的沟通变得不和谐呢？矛盾、争吵，甚至拒绝交流。长辈刚说几句，就觉得唠唠叨叨。

实际上，长辈和我们聊天，并不一定是真的想获得一些信息，而是希望我们能回应他们的情绪。如果我们没有注意到这一点，就会觉得长辈和我们的聊天很烦人，也会觉得长辈因为我们没有很好地回应他们而对我们不满。

从这个角度说，当我们和长辈聊天的时候，没必要像和同事、领导聊天那样一本正经，生怕漏掉某句话而耽误大事，也不用仔细地回答长辈的每一个问题，我们完全可以做成“伪聊天”的样子。但是我们必须做到“情绪碰情绪”，必须在情绪上给予回应。

在案例中，小张的父亲问他换工作的事情，并不是想了解什么碳达峰或者碳中和，也不是想去了解现在的新技术、新科技，他只是关心自己的孩子，担心他刚换了工作能否适应，担心他总是换工作是不是心情沮丧，担心他到了新单位是否能和新同事和睦相处……总之是无数个担心。

这时候的小张，确实也没必要告诉父亲什么是碳达峰、什么是碳中和，甚至不用详细地回答为什么换工作、新单位怎么样，他只要能够体会到父亲和他交流背后的情绪即可，然后给予回应。

比如，小张可以说：“爸爸，您不用为我担心，我很好。新单位、新工作都非常符合我。您不用担心。”然后，小张还可以说些新单位的趣事，或者就刚才播放的电视剧找个合适的情节转移话题，或者说些其他开心的事情。如果小张这样做了，父亲对他的担心也就没有了。

这就是典型的“情绪碰情绪”的方法。“情绪碰情绪”，就是当长辈们和我们聊天的时候，我们积极地回应他们的情绪，而不是详细回答他们的具体问题。假如长辈没有收到我们情绪的回应，尽管我们很详细地回答了他们的问题，但因为他们的期望没有得到满足，所以还是要继续问下去、说下去，直到我们对他们的情绪给出回应为止。

也正是因为长辈们这样不断地继续询问、逼问，我们才会感到他们啰里啰唆，比较烦。这时候，我们应该充分理解长辈们的心情，如果长辈不关心我们，他们才不会和我们说那么多的话呢。

我们如果在这个时候用情绪回应了长辈的情绪，长辈就会感到非常满意，那么我们和长辈之间的交流也会变得非常愉快。

这种跟长辈聊天的方式，对于促进我们和长辈之间的感情也很有好处。比如，我们一个人在外面工作，与长辈们相隔很远。当长辈给我们打电话，问“吃饭了吗”“工作忙不忙？要注意身体”等问题时，那么长辈问话的背后除了表达对我们的关心，还有“我们想你了”的意思。这时我们就必须回应他们的情绪。

这时候，我们在简单地回答长辈的问题后，还可以反过来问问他们的情况，以此作为回应。比如，我们可以说：“爸爸，我刚刚吃完饭，兰州拉面，老正宗了，有时间过来我请你，可好吃了。您中午吃的什么？不要舍不得吃好的，要保重身体哦。将来还要帮我看孙子呢……扯远了，哈哈哈——”

类似这样的交流无疑会促进我们和长辈之间感情的升温。

这就是和长辈交流的特别之处。和他们沟通交流，交流的是感情，而不是事情。另外，在和长辈沟通的时候，要想“情绪碰情绪”，还要做到以下几点。

1. 行为是尊重的

和长辈沟通的时候，一定要做到尊重他们，言语上不能有冒失，态度上要端正。即使和长辈在想法上有了分歧，最好也不要在情绪上表露出来，更不能出口伤人，甚至爆粗口。保持对长辈的尊重，有利于我们情绪的平稳，避免和长辈发生争吵，影响交流。

2. 情感是温暖的

语言要温和，表情、眼神、动作等都是温顺的。

3. 意见是接受的

不管认同不认同长辈的观点，我们必须要表现出接受的态度，不要去评价，更不要去反驳、苛责。如果我们没有接受他们的意见，他们可能会感到失落。

4. 态度是支持的

长辈有时候提出想做些自己喜欢的事情，比如去旅游、去冒险等等，我们在态度上一定要表示支持，不要扫了他们的兴致，这样会让他们感到温暖、舒心，让他们在情绪上感到认同。在后面的具体落实上，我们再根据具体情况，给予相关的意见和建议。

用“我们”代替“我”，塑造“双赢”想法

我们和家人在一起的时候，经常会有人提出各种建议，比如说提议吃顿火锅、提议出去旅游、提议共同打扫卫生等等。不知大家有没有发现，有些人提建议的时候，其他人很容易接受并表示支持、赞同；而有些人提建议则很容易遭到人们的无视，甚至反对。

大春是一家公司的负责人，公司有一百多名员工。作为领导，大春每天都忙于各种会议之中，下达各种命令，听取各种汇报，和各部门的负责人碰头商议事情。作为公司的一把手，公司所有的最终决策都由大春来决定。

常年的工作习惯，让大春领导派头十足，说话方式坚决果断，每句话都是命令。在公司里，每个人都对他毕恭毕敬、言听计从。大春更是春风得意。

大春事业有成，而且家庭幸福。他觉得自己把主要精力都放在了工作上，有些对不住家人。正好现在暑期到了，大春就想带一家人去海边度假。

这天晚上，一家人团坐在一起吃完饭。大春说：“最近天气很热。我觉得咱们下周去海边旅游一次，放松一下。”

一听去旅游，全家人都兴奋起来，尤其是大春的妻子晓君，更是开心得不得了。这两周她都有时间，正想找个机会散心呢。

这时候，大春接着说：“时间嘛，就定在下周三到周五，那几天公司

没啥大事。车票嘛，晓君你来定……”

“时间上不行。”大春的话还没说完，晓君就提出了反对，“下周四我和闺蜜约好了，要陪她去考驾照，我不能毁约。”

“我记得你说过这周没有安排呀。”

“你回家前刚来的电话。”

“你那闺蜜为什么非要你陪着呢？又不是什么大事。”

“对她来说，这是一次重要的考试。她说我在她身边，她心里才踏实。再说，我已经答应了人家，总不能临时变卦吧。”晓君说，“你为什么不把日期定在周末呢？那样大家都有时间。”

“但是我没时间！”大春生气了，“周末我要开会、下工厂。你们知道我有多忙吗？我好不容易抽出时间，想陪陪你们，你们却这样挑三拣四的。不去了！”大春说完，气呼呼地走了。

晓君看见大春这个态度，也有些生气了，把筷子一放，说：“不去就不去。真是个独断专行的家伙。”

大春想和大家一起去海边旅游度假，本来是好意，但是没想到最终会不欢而散。问题还是出在两个人的沟通上。

沟通在家庭成员的关系中扮演着重要的角色。沟通的效果好，会出现双赢的局面，形成一个良性的循环；而沟通的效果不好，则会造成彼此之间的冷漠，拉开距离，从而产生隔阂。

家庭中的事，从来就不是一个人的事。家庭关系是一个人所有关系中最亲密的一种，这也代表着我们的生活不再是完全孤立的，你的所有活动都和其他家庭成员有关。幸福的家庭有很多要素，包括爱、信任、理解、宽容等等，良好的沟通更是不可或缺的一部分。

美国著名心理学家艾瑞克·弗洛姆曾提出：“没有尊重的爱就是控制。”夫妻间的相互尊重是良好沟通的基础。没有这个基础，谈论其他事情是没有用的。事实上，生活中的许多实例都可以证明，很多家庭问题和矛盾都源于夫妻之间缺乏相互尊重。

相互尊重的一个重要表现就是凡事有商量。凡事有商量，才能更好地化解分歧，形成统一的双赢想法。如果我们以自己的想法为对方做决定，往往会令对方反感，会对我们的决定进行反驳，最终达不成一致的意见。

那么，在家庭成员沟通的时候，应该如何商量才能做到双赢呢？一个非常有用的技巧，就是用“我们”代替“我”。

比如，在案例中提到的大春，他说“最近天气很热。我觉得咱们下周去海边旅游一次，放松一下”，不如改成“最近天气很热。我们下周去海边旅游一次，放松一下好吗”，这样就温和多了。

当提到度假时间时，则可以这样说：“我们下周三到周五去度假，怎么样？”

当度假时间与事先安排发生冲突时，不妨这么说：“我们是不是可以和你的闺蜜商量一下，让她再找个人陪同呢？”

这样就相对温柔多了，妻子和孩子也不会产生那么大的反感了。

但有人会说，如果遇到必须说“我”的情况该怎么办呢？这时候，首先要注意自己的表情，不要一副自高自大、唯我独尊的样子，神情不能得意扬扬，在说话的内容上，不要突出我，而是把重点放在客观地描述事件或想法上。

曾有人这样说：“一个满嘴我的人，一个独占我字、随时随地说我的人，是一个不受欢迎的人。”所以，我们在和家人沟通的时候，尽量用“我们”来代替“我”，这样就容易在成员之间形成一个“共赢”的想法，拉近彼此间的心理距离，把事情顺利地开展下去。

第六章

读懂对方，用沟通解决恋爱中的无端猜疑

用好“自我表露法”，避免初次约会的尴尬

浪漫的约会是每个年轻人都向往的。对于那些情场高手来说，每次约会都是一次温馨的享受之旅；但对于许多初次约会的年轻人来说，却如同面临大敌一般。

下午三点钟的时候，王刚想到晚上八点有个约会在等待着自己，于是就向经理请了个假，离开了。

也许你会说，八点钟的约会需要三点钟就准备吗？是跨城约会吗？当然不是，约会的地点就在距离公司十分钟路程的西餐厅。对一般人来说，五个小时的约会准备时间确实有些长，但对于王刚来说，他还是觉得时间有些短，因为毕竟这是他人生中的第一次重要约会。在此之前，他和约会对象小茹都是通过网络沟通的，而且聊得非常投机。他非常想抓住线下约会的机会，与小茹正式确立恋爱关系，为以后步入婚姻殿堂打下基础。

早在一个月之前，王刚就专门买了书籍，并在网络上进行咨询，列举出了约会的各种注意事项。而今天，终于要应用到实战中了。

“人靠衣装马靠鞍”，衣着必须讲究：笔挺的黑色西装，黑色的皮鞋，虽然没什么创意，但也不会有所失误。在无法确定对方喜好的时候，这是最稳妥的方式。

“约会决不能迟到。”在准备好一切之后，王刚便来到了西餐厅“踩点”，把周围的环境看了一遍，把进门后的行走路线都试走了好几遍。然后他挑了一个临窗的角落，既能欣赏窗外夜色中的车水马龙，又不会有人

经过打扰。

时间就在王刚不安的等待中度过。快到八点的时候，王刚接到小茹的微信，说马上就到门口了。他赶紧来到门口，拉开门请小茹走进餐厅，来到订好的位置。点好餐，两个人就开始闲聊起来。

但不知道什么原因，两个人简单地客套了几句之后，突然都变得哑口无言了。王刚顿时慌张起来，因为他在为这次约会精心准备的时候，从未想过会有无话可谈的情况。他认为，我们在网上聊得那么好，见面还会无话可说吗？

在初次约会中，一般情况下，无论是男生还是女生都会比较紧张，生怕自己哪个方面做得不好，或者在哪个细节上出现差错，影响了对方对自己的看法，导致之前的努力全部白费。

许多人之所以重视初次约会，是因为他们认为初次见面将直接决定着双方今后是否还继续交往。这种想法是错误的，那种情况只占很小的比例。实际上，初次约会只是一个找感觉的过程，进一步拉近两个人的距离，让双方更深入地了解一些，顺便让感情升升温。如果双方在见面过程中有点紧张，真的不知道该说什么，那么你就可以直接和对方说："我有些紧张，不知道说什么。这次是我和你的初次约会，如果有做得不好的地方，请谅解。"如果你这样说了，对方也许会觉得你是个很真诚的人，甚至还有些可爱，尴尬的局面也将有所缓解。

当然，如果在初次约会中遇到无话可谈的尴尬局面，还有一种更好的方式可以化解，那就是"自我表露法"。

"自我表露"，就是和对方推心置腹，说自己的心里话，坦率地陈述自己、表白自己，或者说就是一个人有意识地、自发地将自己真实而且重要的信息向对方表露。更直白一点说，就是把有关自己个人的信息告诉他人，与对方共享自己的经历、感受等。

作为一种沟通技巧，"自我表露"可以迅速地提升双方之间的亲密感。一名美国社会心理学家通过一系列的实践，得出了"自我表露会让别人喜欢你”这一结论。这一论点得到了许多心理学家的认同，他们甚至认为，让一个人了解真实的自己，是建立亲密关系的前提条件。

总的来说，在人际交往中，自我表露对建立和维持双方的关系非常重要。自我表露可以分享的内容很多，可以是自己的日常生活，也可以是对美食、影视等方面的见解，还可以是内心深处最真挚的情感。

有人说“自我表露”是一件非常简单的事，实则不然。在真正实践的时候，许多人都会感到困难重重。这是因为，面对一个还不算熟悉的人，你不知道对方值不值得信任，贸然将自己的“隐私”告诉别人，对方会不会将“隐私”加以利用，将来给自己造成不便。其次，即使对方值得信任，那表露的内容要控制到什么程度呢？交浅言深肯定是不行的，但如果表露的程度不够，对方也许会认为你对其的感情只是浮于表面，并不打算深入交往。

所以说，“自我表露”并不是让你不看对象、不分场合、不问情由地胡乱表露一通，而是应该根据双方的交往程度以及对方的特点采取相应的策略。即使是初次约会，但交往程度也是不同的：有的已经是交往了很久，只是没有见面而已；有的则是刚刚相识，类似于“相亲”。

一般来说，自我表露可以分成四个层次：

第一个层次，主要是关于自己的兴趣、爱好、生活习惯以及日常生活等；

第二个层次，主要是关于见解、态度等，比如对时事的看法，对歌曲、文章等的见解等；

第三个层次，主要是关于自己的情感和人际关系状况等，比如自己的家庭、朋友以及与他们的关系等；

第四个层次，是关于自己的隐私，比如自己不为人知的秘密、隐藏在自己内心深处的想法等。

一般情况下，关系越密切，在进行自我表露的时候，内容的层次就会更高一些。初次约会的时候，一般把表露的内容限制在第一个层次内，最深也只达到第二层。

另外，为了缓解尴尬，提高对方的谈话兴趣，拉近彼此之间的感情，你不妨适当地讲一讲自己过去的一些糗事。

讲一些糗事，不用担心自己的形象会在对方的心目中大打折扣，事实上，这些糗事完全可以将双方的感情拉得更近。在这方面，心理学家威尔斯发现：很多人其实是通过"向下比较"来提升自己的幸福感的。面对比自己优秀的人，很容易产生嫉妒和压力；但是发现对方不如自己，在产生同情心的同时，还容易产生亲近感。也就是说，你的缺点或失败，有时反而是最适合增加亲密度的话题。

你向对方说着不堪回首的糗事，展示了自己"悲惨"的过往，意在表明没有拿对方当外人。否则，谁会向陌生人展示自己的丑态呢？这样也能拉近双方的距离。而且讲出来之后，对方也就可以做出回应了，他（她）肯定会对你进行一番安慰，这样你们就可以顺着这个话题聊下去。而且，相比表露一些自己的日常生活、表露自己的优点，表露糗事更能吸引对方的注意力。

在上文的案例中，主人公王刚在与小茹无话可谈的情况下，就可以采用"自我表露"法。比如他可以说："你知道吗？我在餐厅等你的时候，把另一个漂亮的女孩子当成你了。我上前刚要打招呼，没想到她一下就跑开了。弄得我好尴尬。"

不过，表露自己的糗事，绝不是暴露那些"不光彩"的丑事、坏事。那样做，一定会让对方鄙视你，认为你是个地地道道的坏人，对你毫无好感。你要表露的糗事一定是不伤大雅的，在讲述的时候也要如同讲一个别人的笑话那样，轻松中而又带些同情。

巧用“巴纳姆效应”，攻陷对方的心

美好的爱情，如同优美的歌曲、悠扬的琴声、美丽的诗篇，让人为之向往、为之陶醉。但是，在追求爱情的道路上，却并非总是那么让人惬意。有研究表明，男女双方从认识到正式确立恋爱关系，每个人的情感至少有一半时间处于焦虑等不安的状态。而之所以产生这些负面情绪，多数是由不能推进恋爱进程、不能获得对方好感、不能攻陷对方的心造成的。

小林和小任是一对恋人，已经认识半年了。他们是在公司所在园区举办的一场联欢会上认识的，当时他们两个被安排在同一张桌子，一见面便都被对方吸引，可以说是一见钟情。

因为同在一个园区工作，有着相当不错的“地利”；这段时间两家公司又发生了业务往来，两个人有了经常见面的机会，有着很好的“天时”；而且两家公司的领导为了推进合作，都支持他们交往，同事们也很看好他们，有着良好的“人和”。天时、地利、人和全具备，两人之间的发展也十分迅速。

但是一个月后，两个人的关系却逐渐平淡下来，也许是最初的激情逐渐消退的原因，也许是在发展的过程中理性逐渐压倒了情感的原因，总之两个人的关系远不如当初了。

从内心来说，小林是非常喜欢小任的，无论外表、相貌还是穿着习惯，小林都非常满意。而且自己的父母也见过小任，同样非常喜欢这个善良的女孩子，一直催促小林尽快和对方完成结婚大事。

小林为此十分苦恼。他想进一步推进双方的关系，为此经常约小任出来散心、吃饭、看电影，对方也没有拒绝；但是每次交流的时候，总是浅谈辄止，仿佛没有更深的话题可谈。

就这样半年过去了，他们之间的关系仿佛一步都没有前进，小林真的不知道该如何去做，如何才能攻陷对方的心，让对方彻底地爱上自己。

在恋爱的过程中，每个人都经历过小林所处的这样一个状态。此时，两个人已经过了初恋的激情期，但离步入婚姻殿堂，或者说正式确立婚姻关系还有一段距离。如果将整个恋爱过程比作爬山的话，此时正处于攀登陡峭山腰的阶段：退回去，心有不甘；向上爬，又有些吃力。

在这个阶段，我们面临的最大困境是：即使使尽浑身解数，也无法攻陷对方的心，无法让对方真正地对自己产生爱恋。这也是整个恋爱过程中最痛苦的时刻，但也是最接近黎明的时刻。那么，我们用什么方法能快速走出黑暗，迎接光明呢？此时，我们不妨考虑一下“巴纳姆效应”。要知道，在男女交往中，如果想让对方更喜欢自己一些，许多人都会使用它。

那么，什么是“巴纳姆效应”呢？简单来说，就是当人们用一些普通的、含糊不清的、空泛的形容词来描述一个人时，对方往往会很轻易地接受这些描述，并认为描述中所说的就是真实的自己。

比如说，每个人的身上都具备善良的一面。如果有人说你是一个善良的人，这种说法很容易得到你的认可，认为自己就是一个善良的人。而且，在认可这个观点的时候，你也会对对方产生好感，有意地拉近你们之间的关系。

比如，我们不惜赞美之词，夸赞对方长相漂亮，说心仪的女生是一个温柔善良的人，等等。用一些宽泛的赞美词汇，能够轻松地给予对方足够的好感。不知不觉中，女生就会在逐渐接纳你的同时，也会对你产生一定的关注。

不过，许多人虽然理解了“巴纳姆效应”，但真正在实际追求对方的过程中，却不知道如何运用。下面我们就详细介绍一下“巴纳姆效应”的正确运用方法，让你也成为一个会“撩”的人。

首先，如果你想利用“巴纳姆效应”攻陷对方的心，收获爱情的果实，你要对你未来的“另一半”有充足的了解。这样才能让你在对其进行赞美的时候有的放矢，用更加恰当的话语，切入对方的内心深处。

如何了解自己的“另一半”呢？直接问无疑是最愚蠢的方法。现在，自媒体平台和社交软件的大量涌现和快速发展，给了个人许多展示自我的平台。所以，你可以通过网络访问对方发表的文章、日常动态等。

那么，都需要了解什么才能让赞美有的放矢呢？当然是越多越好，越广泛越好，包括生活情况、工作情况、兴趣爱好等等。但是，涉及个人隐私的东西除外。这样，在你追求对方的时候，可以更快地找到切入点。

其次，使用“巴纳姆效应”，要适当地对对方进行赞美，比如称赞对方的眼睛非常漂亮，对方的帽子也非常漂亮，和发型非常相称，等等。要知道，对方听到你在赞美他（她），会更加集中精神去倾听。赞美在引起对方注意的同时，也会使其心情非常愉快，从而为打开对方的心扉提供了一个好的契机。

再次，使用“巴纳姆效应”并不等于随意夸赞对方。如果你的恋人有些小缺陷，比如牙齿长得不太好看，对方也正为此有些自卑而刻意掩饰，你偏偏来一句“你的牙齿真好看”，只会让对方认为你不真诚、虚伪，甚至还会引发误解，以为你在讽刺他（她），进而疏远你。

如果你想夸赞对方，需要根据对方的实际情况，选择合适的赞美词汇，来赢得对方的好感。比如，你的恋爱对象相貌平平，就可以夸对方温柔、善良等。

最后，抓住时机，趁热打铁。当男女双方彼此有了一些感情基础之后，如果想让感情进一步升温，让爱情进一步发展，就必须寻找机会，彻底走进对方的心中，攻陷对方的心。

比如，当对方连夜加班，身体极度劳累的时候，你可以说一些鼓励的话语，让他（她）重新振作起来。比如，你可以夸赞对方很坚强，然后话题一转，说自己永远会支持他（她），从而赢得他（她）的倾心。

人无完人，金无足赤。每个人身上都有缺点，也都有优点。如果你想推进恋爱的进程，就不能总盯着对方的那些小缺点、小毛病不放，而应该更多地去寻找对方身上的优点，然后放大，再用适合的词汇进行赞美，传达给对方，这就是“巴纳姆效应”的内涵。

“巴纳姆效应”能营造出一种良好的沟通环境，让对方和你在一起的时候有一种如沐春风的感觉。这是因为赞美所带来的心理舒适是任何人都无法抗拒的。

抓住对方的兴趣点，用好奇的语气提问

恋爱关系是一种特殊的关系，两个人既不是陌生人，也不是爱人（以正式步入婚姻殿堂为界）。在这种奇妙的关系中，男女双方在沟通交流时，既不会像陌生人那样，总是提着一颗防备之心，也不会像夫妻那样，做到无话不谈。这也导致了男女双方在约会、见面的时候多少会有些紧张，甚至会有些不安，总是不断地在想："我今天要说什么呢？还有话题吗？""如果我无话可说，冷场了怎么办？"

如果这样的不安一直累积，就会有如下不安："是不是意味着我们不合适？""我们正式确立关系后，是不是也会经常无话可说？""他（她）无话可说，是不是说明不喜欢我了？"

在这种情况下，与其忧虑、担心，不如付诸行动。你在和恋人见面的时候，不妨多倾听对方说话，多了解对方的喜好和兴趣，抓住对方的兴趣点。这样你就很容易找到话题，把沟通继续下去了。

在城市中心的街心花园的角落里，一对男女正坐在长椅上说着话。男的叫肖鹏，女的叫张瑶，他们是一对恋人，已经相识一年了。他们经常在周末来这里见面。

肖鹏是一名销售员，在公司里的业绩无人能比，几乎每个月都能评上月度销售冠军。他的口才非常好，无论多么刁钻的客户，他都能搭上话，并推销出自己公司的产品。

最初，没有多少人看好肖鹏和张瑶。但是，肖鹏很会推销自己，他把

张瑶当成自己的客户那样看待，使出了浑身解数，一点一点攻陷了张瑶的内心。最初，张瑶对肖鹏没有多大的感觉，但在肖鹏的一番攻势下，也逐渐对他有了好感，开始了约会。

这让肖鹏看到了希望。他不断地约张瑶出来见面，各种小礼品总是送不停。见面的时候，他也总是充分发挥自己的口才，口若悬河地说着自己经历的各种趣事，经常让张瑶捧腹大笑，心情非常舒畅。但是最近，肖鹏发现，张瑶约会时兴致低落了很多，尽管自己的笑话非常好笑，但是对方却有些心不在焉的样子，只是勉强露出一点笑容。

原来，前些日子张瑶和父母通电话时，把自己和肖鹏交往的事告诉了父母。但母亲认为两个人交往的时间已经很久了，肖鹏却没有提出见双方父母的事，担心肖鹏有不想和女儿结婚的想法。

母亲的话触动了张瑶的内心。每次和肖鹏见面时，张瑶总希望他能提出约见双方父母的想法。但是，肖鹏却只字不提，这让张瑶深感失望。

张瑶之所以对肖鹏的谈话表现出冷淡，最重要的一点是肖鹏没能猜出张瑶的心思，不能够抓住她的兴趣点，所以导致了约会的冷场和尴尬。

在日常沟通时，没有人会对自己不感兴趣的话题投入过多的热情。但是，如果对方提到自己感兴趣的话题，那么情绪则会一下子高涨起来，并积极地参与进来。不要只谈自己想说的话，而是要全神贯注地探讨对方最关注的那个兴趣点。如果对于这个兴趣点你比对方还要狂热，那么你们之间的沟通就会更顺畅了。

李安安是一家报社的记者，经常外出去采访。受采访的人从事的行业、兴趣爱好等分布非常广泛，有的甚至大相径庭。但是每一个李安安拜访过的人，无论是商业巨子，还是普通工人、陌生路人，都能和他谈得非常投机，其中的奥妙又在哪里呢？难道李安安会读心术吗？当然不是。

实际上原因很简单。李安安作为一名资深记者、优秀的媒体人，在行业内摸爬滚打了近十年，深知与人沟通的技巧，哪怕是陌生人，只要谈论这个人最感兴趣的事，那么总会有所回应的。

基于这个经验，李安安也养成了一个习惯，就是无论要采访谁，在采访前，他都要预先通过各种途径寻找对方感兴趣的地方，并在正式采访时用一种好奇的语气进行提问，因此接受过他采访的人对他的评价都非常高。正是凭借这种方法，李安安成了单位的“金牌记者”。

不仅如此，李安安还把这种方法应用到了恋爱中，并最终收获了爱情。当初谈恋爱的时候，李安安总是通过各种方式寻找女朋友（当然现在已经成了他的妻子）的兴趣点。因为人的兴趣点是会变动的，所以他在每次约会或沟通的时候都会仔细寻找。

有一天，李安安和女朋友去逛街。当时他们认识的时间还不长，所以走了一段路之后便都没了话题，都沉默着向前走着。李安安心思很细，他发现女朋友时常把目光停留在路旁的大广告牌上，猛然间想到女朋友正在用业余时间学习Photoshop。他顿时眼前一亮，觉得打破沉默的话题有了。

当他们再次来到一个大广告牌前时，李安安发现女朋友的目光又落在了上面，于是就开口说：“这个广告非常有创意，这张海报是用Photoshop做出来的吗？”

“你说得没错，这张海报正是用Photoshop做出来的，尤其是使用了渲染特效，所以才有了这么好的效果。你懂Photoshop吗？”

“略懂一点。我觉得这张海报在布局上也很有特色……”

李安安的女朋友正在学习Photoshop，李安安的提问正好触碰到她的兴趣点，而且李安安还是以好奇的语气来提问，更激起了她谈话的兴致。于是，两个人有了新话题，又开心地交谈起来。

和恋人聊天的时候，最高的境界就是用好奇的语气来包装对方的兴趣点，这样既能避免冷场的尴尬，又能激发对方的谈话兴致。

爱因斯坦说：“好奇心是人性当中一株神圣但是非常脆弱的幼苗，人人生而有之，你我他都有。”好奇心是人与生俱来的一种本能，通过好奇语气的提问来触动对方的兴趣点，引起对方的沟通欲望，你还担心冷场吗？

每次约会留一个“遗留话题”

如果你想在下次见面的时候还有话题聊，那么记住一点，就是不要一次把天聊完。只有这样，你们下次见面时才能像上次一样聊个痛快。

同样，恋人之间的交往也是如此。在约会快要结束的时候，要想方设法为下次的约会制造话题、悬念。这样，对方不仅期盼着下次约会的到来，而且也会为这个话题做些功课。在下次约会的时候，双方也有话可聊，不至于出现“尬聊”的情景。

因为失恋过多次，赵强仿佛对爱情失去了信心。自从上次和女朋友结束恋爱关系后，已经三年过去了，他虽然遇到过许多追求者，但是内心却总也起不了波澜，无法激起恋爱的欲望。

但赵强绝对不是冷漠之人，也没有对爱情彻底绝望，只不过是没有遇到合适的人而已。

赵强的大学同学们不忍心看他这样消沉下去，于是便张罗着给他介绍女朋友。有一次，一个同学打算把自己的同事小梅介绍给他。赵强起初是拒绝的，但禁不住同学的再三相劝，就决定先加微信试试。谁也没想到，他的爱情大门就这样打开了。

他们加了微信，最初的时候也只是有一句没一句地聊着，后来就越来越频繁，话题也逐渐多了起来。他们毕业于同一个专业，都是汉语言文学专业，于是从大学的课程聊到现在的工作，从古典诗歌聊到网络小说，有时候从下班开始能聊到后半夜，在工作的时候也时不时地看一眼手机，生怕晚回复了每条信息。

两个月过去了，赵强和小梅都有了线下见一面的想法。最后还是赵强率先提出，他忐忑不安地在微信上发了一条消息：“我们见个面，可以吗？”没想到很快就收到了小梅的回复：“好的，没问题。”

赵强忐忑不安的心终于放下了，取而代之的是难以言表的喜悦。对于这场约会，赵强非常重视，特意去弄了个新发型，还买了新衣服、新鞋子。在约会之前，他也设想了可能遇到的各种情况，准备好了自己想了解但在微信上无法聊的问题，并且设想了见面后的结果：以后会频繁见面，并正式确定恋爱关系。

约会看起来确实也很顺利，赵强对小梅从哪方面看都很满意，所以他就倾尽全力去展现自己美好的一面。他们无话不谈，赵强也把自己的底细——自己对家庭、对爱情的看法等等，都告诉了小梅。两个人从午饭时分开始，一直聊到了咖啡店晚上快打烊，才结束谈话。赵强仿佛把自己的话都说尽了，感觉实在无话可说，就把小梅送到门口，叫了辆出租车把她送了回去。

赵强第二天想再次和小梅约会，却不知道该说什么好了，因为话题仿佛已经在上次约会的时候说完了。而小梅也没有再主动和赵强联系，因为她想了解的赵强都已经说了，再约会也没有什么新意，索性就“佛系”起来。双方的关系就这样冷淡了下去。一个月后的一天，赵强得知小梅新交了一个男友。

赵强的失败，主要在约会的事情上。虽然过程很尽兴，但是结尾却没能留下一个“遗留话题”，导致对方对第二次约会失去了兴趣。

诺贝尔经济学奖获得者丹尼尔·卡尼曼曾说：人的大脑在经历某次事件后，只能记住两个因素，一个是事件中的“高潮”，另一个是事件的“结束”。而这恰好与心理学中的峰终定律相吻合。

峰终定律是说，如果在一件事情的高峰和结尾体验是愉悦的，那么对整个事件的感受就是愉悦的。也就是说，你在经历了一件事情之后，所能记住的只是在高峰和结束时的感觉，过程中其他阶段所产生的感觉，对记忆几乎没有任何影响。

峰终定律的应用非常广泛，在心理、管理、经济等方面都大有可为。恋爱期间约会的时候，如果你运用峰终定律，约会效果也会大大增强。当你在和你心中的他（她）约会时，可以在约会的中间适时地制造一些惊喜，在约会结束时留下一个"遗留话题"，那么这样的约会就会给对方留下深刻的印象，对方对你的好感也会增强，同时期待下一场约会。

比如，在约会快结束的时候，你可以说"时间不早了，这个话题我们下次再聊，我还有更精彩的故事想和你分享呢""今天我们来的这个地方不错吧，下次我带你去个更有趣的地方"之类的话，让对方对未来有一个期待感。你只要做一个好的"引导者"，对方就会越来越亲近你，你们之间的感情也会逐渐升温。

萍萍在一家企业做策划工作，她人长得漂亮，性格温和，是个非常优秀的女孩子。在公司组织的一次团建活动中，她认识了一个非常优秀的男孩子小齐，他在公司是一名程序员，是一个典型的"理工男"。

两个人最初只是在公司里见面，私下里通过微信聊天。因为感觉良好，于是在一个周末，两个人来到了一家非常有情调的西餐厅约会。

那天晚上，两个人在饭间交谈得很好，到晚餐结束时已经快九点了。萍萍便提议去餐厅不远处的一个小公园里散散步，小齐同意了。公园环境很好，灯光也不是特别暗淡。在这样的气氛中，两人边走边聊天。

萍萍向小齐分享了自己小时候上山挖人参遇见狗熊的事情，并描述了当时的情景。小齐立即被吸引了，还提出了几个问题。不过萍萍只回答了两个，然后拿出手机看了一下时间，表示时间不早了，想早点回家，否则父母会担心。最后，她狡黠地朝小齐眨了眨眼睛，神秘地说："你的问题下次再告诉你，而且，你绝对猜不到，我是怎么回家的。"

小齐于是露出了一丝不舍，但仍然把萍萍送回了家。然后便对第二次约会充满了期待。

无疑，萍萍在约会结尾留下了一个“遗留话题”，为小齐设置了一个悬念，也给双方的下次愉快约会打下了基础。好的约会结尾会让双方期望满满，期待下次的聊天，甚至会留恋。那么，在约会的时候该如何留下一个让人期待的结尾呢?

下面介绍几种方法供你尝试。

第一，在结尾处加上“我有个想法……”这样欲言又止的句子，引发对方的好奇心，让对方产生无限的遐想。

比如说，当和热恋中的情侣约会快结束的时候，你可以说：“我突然有个想法……”这肯定让对方充满了好奇，一定会追问：“什么想法？”同时在脑子里出现了无数种想法。但你偏不说，而是告诉对方：“这个想法很奇怪，我也没考虑成熟……嗯……下次再告诉你吧！”

你这样说了，对方难道不会对下次约会充满期待吗?

第二，给对方设置一个充满想象的场景。比如，在约会快要结束的时候，你和对方说：“今天的咖啡真的很不错，不过我还知道有一家也很有特色……”接着你可以极尽你的词汇去描绘那家咖啡厅，然后说：“有时间我们去那里坐坐。”相信对方一定会期待与你的下次约会。

总的来说，约会是爱情的加速剂，所以每个细节都不能忽略，尤其是在快要结束的时候，一定要留一个“遗留话题”，创造出一个意犹未尽的惊喜，给对方留下悬念，为下一次约会做好铺垫。

从“共同好友”说开去，约会不会冷场

如果问“约会最忌讳的是什么”，我想绝大多数人会回答冷场。

没错。你想，两个人好不容易出来见面，甚至是花了好几个小时跨城而来，然后坐在一起，聊着聊着，突然没了话题，但也都不好提出就此结束。于是女生拿起了手机，漫无目的地看了起来，朋友圈翻了一遍又一遍，不断刷新，希望能有新的内容；而男生呢，喝了一口茶水，想说句话，但不知道说什么好，于是又喝了一杯水，还是没想好要说什么。

“冷场了，好尴尬啊！”男生心里想，但也很无奈，越着急越想不到应该和女生聊什么。于是，干脆拿出烟抽了起来。

男的在抽烟，女的在玩手机——这样的情景，不知道的人绝对想不出他们是在约会。

约会冷场的现象并不是偶然，几乎每个人都遇到过，甚至几乎每场约会都或多或少地出现过。

不过，当约会冷场时，如果发现自己和对方竟然有一些共同的朋友，那么接下来的交流就会变得非常顺利。围绕这些共同朋友，你们的话题就会变得丰富多彩。

虽然谈论的是别人的事情，但很多时候，因为你和对方对这些共同的朋友看法一致，或者有关于他们的趣事分享，话题就越多，越谈越觉得自己和对方之间也有许多的共同点。可能就因为这一点，所以他们才会成为你们共同的朋友；也正是因为有共同的朋友，你们之间才有那么多共同的

话题。

方悦和李薇是在网络上认识的，最初只是无意中加的网友，通过一个月的闲聊，两个人都觉得对方很不错，很适合自己。于是，方悦向李薇发出正式邀请，约她在市中心的一家咖啡厅见面。

方悦今年已经三十二岁了，家里不断地催他赶紧找个女朋友。方悦虽然也着急，但他知道，“心急吃不了热豆腐”，有些事情是急不得的。用方悦的话说，那得需要“缘分”。而自从和李薇认识之后，他感觉自己的缘分到了，心想：今天晚上一定要好好表现，一定要打动李薇，最好能确立恋人关系。

终于见面了，两个人坐在一起，分别点了一杯咖啡。客套了几句之后，双方都沉默了。方悦心中纳闷：在网络上能够无话不谈，为什么见了面反倒没有话可说了呢？难道这就是人们常说的“见光死”？也就是不管在网络上聊得多么好，但是只要见面，立刻宣告双方关系的结束。

方悦见李薇拿起了手机，翻看着上面的信息。他知道，上面的信息早已经看过了，早已没了新意，只不过是为了掩盖一下无话可说的尴尬而已。就在方悦收起看向李薇的目光的时候，他忽然发现李薇的手机保护壳上面的图案竟是农大的校徽，眼睛一亮，心里有些小激动。

方悦看着李薇，问：“你的手机壳很漂亮，是农大的校徽吗？”

李薇回答说：“是的。你的眼光真不错！哈哈！”

“你不是说你是林大的吗？怎么会用农大的校徽？”方悦问。

“这是我的一个好朋友送的。她是我大学本科时的同学，今年博士毕业，是研究玉米的。”李薇说。

“农大研究玉米的博士，我好像也认识一个，她叫林涵，和我们公司有过往来，我和她也算是好朋友了。”方悦说。

“林涵？你也认识她？我说的就是她，这个手机壳就是她送我的。”李薇听到这话立刻激动起来，“原来你们也认识啊。真是太巧了。”

方悦也感到意外，说：“真没想到啊！林涵前两天还约我去参加她的毕业典礼呢。她可真是一个热心肠的人。”

李薇接着说：“可不是，过几天就是毕业典礼，我还不知道送她什么礼物好呢，你帮我参谋参谋……”

于是，李薇和方悦便开心地聊了起来，越聊越开心，直到晚上九点才告别散去。两个人约好，明天一起去给林涵选毕业礼物。无疑，经过这个约会，两个人的感情进一步拉近了。

在案例中，当约会因没有话题而陷入沉默时，方悦通过李薇的手机壳发现他们竟然还有一个共同的朋友。围绕这个共同的朋友，方悦和李薇聊得非常投机，在感情上进一步升温。这个共同的好友对方悦和李薇两个人的感情升温起到了“催化剂”的作用。

在约会中，如果我们能找到和约会对象的共同好友，那么就不用担心会出现冷场了。那么，如何找到这个共同的朋友，并加以“利用”呢？下面的方法可以供我们参考、尝试。

1. 善于发现约会对象的独特之处

在我们和约会对象约会的时候，一定要有一双善于观察的眼睛，随时随地发现一些不为人注意的特点，因为这很可能就是我们接下来话题的切入点。这些特点可能是对方在言语中表达出来的，也可能是一个习惯性动作。这些特点一般都不容易被人们所注意，所以我们一定要懂得善于发现。

如果我们发现了某一特点，一方面表明我们非常在意、关心约会对象，对方也会产生一种被人重视的感觉，从而对我们另眼相看，心生好感；另一方面，根据这一特点，我们很可能还会发现某人是我们和约会对象共同的朋友，从而找到新的话题。

2. 找出共同朋友后还要找到共鸣之处

有时候，即使我们知道了和对方有共同的朋友，但可能因为关注的地方不一样，或者看问题的角度不同，或者这个共同的朋友还没有引起我们和对方足够的共鸣，使我们和对方在围绕这个共同的朋友交谈时产生了分歧。这个时候，一定要记得，要顺着对方的意思说，只有我们先认可对方了，对方才有可能反过来认可我们。

3. 记住最终的目的是和约会对象交朋友

无论是发现对方的特点，还是找出双方共同的朋友，我们的最终目的都是以这位共同的朋友为桥梁，建立和约会对象之间的联系。所以，在约会时，我们一定要利用好共同朋友这个因素，尽快通过“这个桥梁”建立起信任感，加深相互了解，从而最终成为朋友。

4. 可以利用共同的朋友充当“媒人”

如果你们共同的朋友和你们的关系都非常密切的话，那么可以让你们共同的朋友加入你们的爱情故事中来，充当你们的爱情加速剂。像案例中的方悦那样，把他们共同的好朋友拉进来，加速了他们感情的升温。

为什么一句“随便你”会伤人

著名心理学专家马歇尔·卢森堡曾说过：“也许我们并不认为自己的说话方式具有杀伤性，但语言确实常常引发自己和他人的痛苦。”

说到语言的伤害，很多人只会将它和谩骂、取侮辱性外号等行为联系在一起。实际上，生活中的语言伤害无处不在，否定、贬低等都属于这个范畴，甚至我们一句非常随意的话都可能会给他人造成伤害，比如“随便你”。

刘玲玲和康民已经相恋六年，马上就要步入婚姻的殿堂了。两个人是通过网络认识并相恋的，他们虽然在同一个城市工作，但是一个住在城东，一个住在城西，见一面也需要花费近四个小时，也算是“同城异地恋”。

现在，刘玲玲见婚期已近，就搬到了城东，和康民住在了一起。为了通勤的方便，她准备辞掉原来的工作，在城东另找一份。她想：如果在城东找到了工作，那么通勤时间就节约了一大半，这样也有时间来照顾家庭了，康民肯定会很高兴的。

这天，康民约刘玲玲吃饭。其间，刘玲玲兴致冲冲地把自己的打算说了出来，但是康民并没有显露出太高兴的样子。他心想：现在大环境不太好，而且刘玲玲的能力有限，所在的行业和工作范围都偏窄，恐怕很难在短时间内找到合适的工作。而且婚期临近，花钱的地方也很多，如果一个人失去了收入，将来肯定面临很大的挑战。

康民有心劝阻一下刘玲玲，但是见她兴致很高，便不想扫兴，就毫无波澜地说了句："随便你吧。"

刘玲玲听完，见康民毫无喜悦的表情，喜悦的心情一下就没了，感到十分失落。不久，刘玲玲真的辞去了工作，但是结果正如康民所想的那样，一个月过去了，她连面试的机会都没有。

不过好在婚期将近，有许多事情要做，刘玲玲便把精力放在了婚礼筹备上。她对婚礼充满了美好的向往，所以格外用心。这天，康民回到家，刘玲玲说："下午我远在美国的姨妈给我打了电话，她一家三口想来参加咱们的婚礼，并且还想在国内住上一段时间。他们没来过咱们的城市，咱们给他们在附近租套房子吧，短租三个月。"

康民今天刚开完会，因为公司受大环境影响，业绩低迷，就决定全员减薪，增加了提成比例。但是在不好的大环境下，提成比例再高也不能对冲降低的薪水。康民很是苦恼，筹备婚礼需要花很多钱，听刘玲玲说又要给姨妈租房子，就有些生气，但又不想扫她的兴，就说："嗯，可以。"

刘玲玲很高兴，于是又说起婚礼的计划。康民听着，心里盘算着，每笔都是不小的费用，而且许多都是可以省去的。他想反对，但一看刘玲玲兴冲冲的样子，心想：如果我反驳她，她一定很生气，就她那个脾气，一定会和我大吵一架，闹得很不愉快，更添堵。

于是，康民打断了刘玲玲的话，说："随便你吧。"

刘玲玲本以为康民会和自己商量，但没想到他竟然就这样简简单单一句话把自己打发了，感到十分伤心，心想：他竟然对婚礼都这么漠不关心，是不是变心了？这样的婚姻还有什么意义？刘玲玲越想越伤心，跑回自己的房间大哭了一场。

康民没有使用激烈的言语反驳，也没有用蛮横的话语阻拦，只是一句淡淡的"随便你"，便给刘玲玲造成了巨大的心理伤害，这就是语言伤害的典型案例。

从身体损伤的角度来看，语言伤害不流血、不留疤，似乎没有害处。

但是，它是一种精神折磨，带来的伤害有时候甚至超过人们的承受能力，会让你质疑身边的一切，甚至怀疑生命的意义，从而走上极端。身体伤害随着时间可以慢慢愈合，但心理的伤害往往会伴随一生。所以我们常常说，语言伤害杀人不见血，却能让人生不如死。

对爱情、婚姻来说，语言伤害的杀伤力有时要大于家庭暴力，它会摧毁尊重、信任、倾慕以及亲密感，而这些都是健康婚恋关系的要素。恋爱中的男女本是因为相爱而走到一起的，好的语言能成全爱，不好的语言会残害爱。所以，我们一定要注意，在说“随便你”三个字的时候，一定要慎重。

我们多数人也知道语言带来的危害，但是为什么还会经常说出“随便你”三个字，来造成恋爱、婚姻的波折呢？主要原因有哪些？又该如何应对呢？

1. 不负责任

“随便你”这三个字，从本质上来说，反映的是一种不负责任的态度。两个人既然成了恋人，也就是双方都认可了对方，都应该做到对对方负责。可是，当两个人有了分歧的时候，我们不想着去解决，而是用一句“随便你”敷衍了事，只会让矛盾越来越深。

2. 害怕争吵

就如同案例中的康民那样，很多人在与恋人沟通时，因为害怕与对方产生冲突，避免正面应对问题，而用“随便你”来回答。这种看似圆滑而温和的沟通方式，最终只能导致对方伤心，也会白白浪费双方的时间，不仅没有解决根本问题，还为未来埋下隐患。

我们需要明白的是，任何沟通归根结底都是以解决问题为导向的。所以，在与恋人沟通时，如果有了自己的想法，要清楚、坚定地表达自己的观点，即使这个观点和恋人不同，但只要是综合多方考虑得出的，都有表达的必要，我们的意见也将会影响事情发展的走向。

3. 赌气

可能是因为情绪不佳，或者对方所说的某句话或所做的某件事惹恼了我们，我们便赌气地说“随便你”。所以，在和恋人沟通的时候，一定要记住，避免带入个人情绪。因为保持心态平和是沟通顺利进行的基础。在和恋人的沟通时，两个人中如果有一个人情绪出现明显波动，这场沟通很大概率上将会不欢而散。

总的来说，恋人、情侣之间，即使发生吵架也是可以接受的，但千万别说“随便你”。“随便你”，看似简简单单的三个字，实际上是一句太伤人的话，虽然不带粗口、不含脏字，也没有显而易见的锋芒，却能够一招致命，所以千万要慎重。

避免刨根问底，给对方留一些空间

在生活中，有些人总是喜欢刨根问底，甚至对别人的隐私，也是没完没了，从而引起对方的反感，双方甚至因此而结仇生怨，留下遗憾。

而在恋爱的时候，男女双方都想对对方有一个深入的了解，尤其对自己特别在意的一些问题，更想知道得详细些，这种心情可以理解。但是，如果你采用刨根问底、紧追不舍的提问方式，那就错了。尤其是对于前任、失业等问题，即使你再好奇、再想了解，也请按捺住自己，不要刨根问底。毕竟，“查户口”式的聊天会让人很不舒服，让对方感觉这不是在谈恋爱，而是在调查罪案。

如果没有发生意外，对于刘景和张彬彬来说，这将又是一个愉快的周末。经过三年多的恋爱长跑，两个人即将修成正果。他们早已见过双方的父母，已经到了谈婚论嫁的程度了。

这个周末，刘景把张彬彬约到了郊区公园一座小山上的亭子里，从这里望去，能看见全城的风光，让人心情十分舒畅。两个人相互依偎坐在椅子上，看着全城的风光，说说笑笑。两个人早已从初恋时期说话小心试探发展到现在无话不谈的地步了。

两个人热聊着正在追的电视剧，聊到了剧中一个前任的话题。刘景似乎来了兴趣，对张彬彬说：“你别说，剧中那个前任真是个‘奇葩’。对了，你好像说过你的前任也挺奇葩，当初追你的时候如同见了兔子的疯狗一般。你们也都见了双方的父母，但后来他怎么就突然变了态度，和你分手了呢？”

张彬彬聊电视剧聊得正开心，突然听到刘景把话题转到了自己前任的身上，心情顿时就低落起来。要知道，和前任的分手是她心中永远的伤疤。为了不让自己痛苦，她把这个伤疤隐藏在深深的心底，从不示人。她从没想到，刘景竟然想揭开自己的伤疤，心中有些生气。但是转念又一想，两个人马上就要步入婚姻的殿堂了，他想了解一下自己的过往也属于正常现象。

于是，张彬彬强忍住心中的痛苦，挤出一丝笑容，说：“我们之间的性格差异太大，不合适。”

“是吗？”刘景显然对这个答案不满意，继续说，“但是听人说，你们从来没有吵过架，而且他可是公认的温柔男人。难不成他脚踩两只船，又新交了女朋友？”

“他不是那样的人！他对爱情还是很专一的。”张彬彬的火气有些压抑不住了，她非常讨厌别人对她前任的无端猜测和诋毁。

“是吗？但是你们分手后不久，就有人看见他和一个女人逛街，而且走得特别近，那个人不是他新女友吗？”

“那是他的姐姐！你不要猜了好吗？”

“哦，是他姐姐啊。不过，我还听说在你们分手前，他刚刚被任命为大区经理，很受老板的赏识。难道是他升了官，嫌弃你了？”

“不是这样的。他的职位在他们公司根本就不大，他更不会为此而嫌弃人！”

“那到底是什么原因啊？难道是你要的彩礼太高了，他打了退堂鼓？”

“我从来没要过彩礼。跟他没有要过，跟你也没有要过。”张彬彬几乎要被问哭了。

“那到底什么原因呢？他不至于奇葩到脑子一热就和你交往，再一冷静就说分手吧？那是怪物。你说说，你的那个前任到底什么原因抛弃了你，我也好骂他几句，替你出出气！”

这下子张彬彬再也忍不住了，站起身来，朝着刘景大喊：“谁稀罕你替我出气！你不就想知道我们为什么分手吗？好，我就告诉你。在婚前体检的时候，他发现自己没有生育能力。他怕耽误我的幸福生活，他知道我最大的愿望就是做一个贤妻良母，生养一个聪明的孩子。所以他才主动提出分手的。他太可怜了！这下你满意了吧！”

张彬彬说完，就抹着眼泪，跑下山去。

在日常生活中，类似刘景和张彬彬经历的情形经常可以看到：恋人双方交谈的时候，其中一方向对方提出了一个又一个问题，而他（她）在回答问题的过程中，变得越来越没有耐心，最后甚至干脆找借口离开。他（她）或许会感到奇怪：我不是已经回答过了吗？怎么还紧追不舍、刨根问底呢？这哪里是在聊天，分明是在审讯。就像你刚告诉了他（她）自己的名字，他（她）恨不得问出你一家人所有的情况一样。难道我就不应该有一点儿自己的隐私吗？

每个人都有自己的隐私。在沟通交流中，如果你不懂得尊重和回避他人的隐私，为了自己的好奇或疑问就无休无止地刨根问底，就像将对方剥光了衣服一样，会让人感到难堪和尴尬。

在许多人的意识里，如果在即将步入婚姻殿堂的时候，还互相留有隐私的话，就等同于背叛、对婚姻的不忠诚。实际上，每一个人都是一个独立的个体，双方也不必把所有的事情全部告诉对方。我们需要做的就是学会互相尊重、互相理解，凡事不要刨根问底，尤其是涉及以下话题的时候，更要注意。

1. 感情经历

就如同案例中提到的那样，“前任”绝对是个敏感话题。要知道，每个人都有自己的过去，过往的感情或许是甜蜜的，或许是痛苦的，如果对方不想深谈，你也不必耿耿于怀，更不必苦苦追问。聪明的人更注重未来，他们知道过去和未来的区别，过去与自己无关，未来才是最值得讨论的，放下过去，才能更好地面对未来。

2. 礼物的价格

恋人之间难免送些小礼物，礼物你可以接受，也可以拒绝，但是绝对不能对价格刨根问底，一个劲儿地追问这个礼物多少钱。要知道，人和人之间的感情，是不能用礼物的价格来评定深浅的。礼物无非就是表达一个心意，心意到了就好。不要只盯着价格看，不断地追问只能让对方难堪。

3. 轻微的谎言

男女双方都可能会用谎言来掩盖自己的一些错误。对于这些谎言，我们可能一眼就看出来了，如果只是轻微的小错误，大可不必去揭穿，刨根问底地去追问事情的真相。不如糊涂一些，可以简单询问，但一定不能深究，等对方自己去反省。如果我们揭穿对方的谎言，对方便会非常尴尬，甚至可能会恼羞成怒，升级为争吵，影响你们之间的感情。

说到这里，可能会有人问：我肯定能做到对我的男友（女友）不刨根问底，但是如果他（她）总是不断刨根问底，我该怎么办呢？下面几种方法可以尝试一下。

1. 所答非所问

如果对方不断地追问你不想说的事情，你不能有一说一、有二说二，一个好对策就是答非所问。这样的话，既不会得罪对方，又不会让对方的目的得逞。

2. 哼哈而过

面对对方的刨根问底，你不妨使用“哼哈”之类的模糊语言。这既可以作为对对方的回应，避免被说成不理睬人，又让对方觉得这项话题无法再交流下去，从而终止追问。

3. 巧妙提问

如果对方喋喋不休地追问我们一些事情，我们不妨找个时机打断对方，然后反过来问他（她）一些难题，让他（她）不知道如何回答是好，从而摆脱被对方追问的局面。

比如，在案例中，张彬彬面对刘景的追问，她可以说："不好意思，我先打断一下，附近有餐厅吗？"这样一来，刘景一定会感到有些惊讶，从而停下来，思考张彬彬提出的问题。张彬彬则可以根据他的回答找出一些可聊的话题，将"前任"的问题替换掉，以避免尴尬的事情发生。

有句话说："永远不要刨根问底别人的过去，那可能是永远不想触碰的回忆。"在恋爱的过程中，男女双方都应该留给对方一定的私人空间，这样两个人相处起来才会轻松愉快，才会觉得舒适。

第七章

把握细节，消除在线沟通的误差与低效

首句反映主题，便于对方了解

沟通的效果，与沟通的方式有很大的关系。随着科技的发展，尤其是通信技术的进步，越来越多的沟通方式走进我们的工作和生活，如信件、电报、电话、电子邮件等等，让我们的沟通越来越方便。而如今，QQ、微信等在线沟通软件的出现，又为我们的沟通提供了新的渠道。

不知道从什么时候开始，QQ、微信已经成为大多数人首选的沟通方式，不管是向上级汇报工作，还是向下级布置任务，还是和同事、朋友日常沟通，都在QQ、微信上进行。

有人做过相关调查，在当前人们常用的沟通工具中，QQ、微信等在线沟通软件的使用频率已经超过了电话，成为职场、生活、学习沟通的主要阵地。所以，对于我们来说，要想让沟通效果更好一些、沟通效率更高一些，掌握一些QQ、微信沟通的技巧和方法是非常有必要的。

我们也许会遇到这样的情况：在通过QQ、微信给对方发信息后，却很难达到我们的沟通目的。这是为什么呢?

李金华是一名自由职业者，她能写善画，平时靠写作、画画、摄影等工作来赚钱维持生活。也许和工作性质有关，她几乎每天都“宅”在家里，甚至连续几天都不下楼。她经常坐在窗户边的桌子旁，在忙累了的时候看看窗外，享受片刻的安静和闲暇。

不过，最近一个月，她心情有些烦乱。因为楼上搬来了新住户，家里有个小孩，还没到上学的年龄，整日在家里玩耍。而且这个小孩喜欢拍球，还经常会往地上扔一些东西。李金华的工作思路因此经常被干扰，她十分苦恼。

最近，李金华要为市里创作一幅主题国画，需要静心构思，但是因为楼上小孩子的缘故，总是无法集中精神。她觉得有必要和楼上沟通一下。

李金华尽管工作能力很强，但在沟通和与人交流方面还不是太擅长。她打算去趟楼上，直接说明这件事，但是又觉得太唐突。正发愁时，她忽然发现楼上的新住户加入了该小区的内部沟通群，因为群里每个人的昵称就是小区的楼号+单元号+房间号，所以李金华断定昵称为12-5-1101的人就是楼上的新住户。

李金华申请添加那个人的微信，很快就通过了，让她很是欣喜。她觉得用微信沟通比直接去敲门显得温柔些。

"您好，我是您楼下的住户，叫我小李好了。"李金华给对方发了微信。

"您好，我刚刚搬来，请多关照。您有什么事情吗？"很快，12-5-1101回复了信息。

"也没什么大事情。都是邻居嘛，有事情肯定要相互体贴对吧。对了，您家里是有个小孩是吗？"李金华继续给对方发送信息沟通。

"嗯嗯，对，是的。"

"照顾小孩很不容易呢。尤其是没上学的时候，每时每刻都要照看，挺辛苦的吧？"

"还好还好。我家孩子还是比较懂事的。"

"嗯嗯，那也要注意，比如电器之类的，一定要小心。"

"是的呢。对了，您有什么事情吗？您是早教班的招生老师吗？"

"不是不是，您误会了。我只是想和您谈谈您孩子的事情。"李金华见对方误会了，赶紧解释。

"我家孩子挺好的，目前还没考虑去上幼儿园。我还有事，以后再聊吧。"

李金华还想发信息，但看到对方流露出不想再交流的意思，也有些懊恼，因为还没告诉对方自己的诉求呢。

微信是一种新兴的沟通方式，但和电话、面谈等沟通方式相比，并没有本质上的区别，一些沟通技巧也是通用的。李金华为什么和楼上住户沟通失败呢？因为在发第一条信息的时候，没有表达出自己沟通的主题，让对方不知道你交流的目的。

当我们有事情要和某人当面沟通的时候，会在开始谈话的时候说出我们的目的；在进行电话沟通的时候，我们也会在接通后说出打电话的目的。同样，在进行微信沟通的时候，所发信息的首句也一定要反映主题，以便对方了解我们的目的。

比如在案例中，李金华在第一次给楼上住户发信息时可以这样说："您好，我是您楼下的住户。最近您的小孩动静有些过大，以至于影响了我的工作和休息。我知道您带小孩很辛苦，但还是麻烦您能够注意一下。谢谢！"

李金华如果这样做的话，就能让问题变得非常简单，12-5-1101的住户一下子就会明白李金华的目的，也就不会怀疑她是招生老师了，同时还会针对她的留言给予准确的回复，避免浪费两个人宝贵的时间。

在首句中反映出主题，旨在帮助接收方及时高效地读取信息。但是，QQ、微信作为一种特殊的沟通方式，我们在使用它们发信息的时候，在首句上还要注意以下几点。

1. 文字内容简练

线上发文字信息，最忌讳的就是长篇大论。内容过于冗长，非常影响信息接收效率。所以我们一定要将所要传达的信息进行精简，尽量做到：

（1）去掉不必要的修饰词、语气词等；

（2）文字内容尽量控制在三四行内；

（3）一句话不要太长，可以使用短句。

2. 明确表达自己的诉求

比如你发微信给领导："张总，我今天面见了金良集团的韩总，他说今年公司的线上推广费取消了。"

这样的信息虽然反映了主题，但让领导很难恰当地回复你，因为你没有明确提出自己的诉求：你是为没谈下这个单子找理由呢，还是想寻求其他部门的支持？是希望领导指点下一步的方法，还是纯粹就想抱怨一下这个客户？一个看不到诉求的信息，是很难得到恰当的回应的。

微信沟通非常忌讳东拉西扯、盲目闲聊，谈论一些和主题毫无关系的话题。这样不但极易影响进入正题的节奏，也容易让对方对我们的目的是否纯正产生猜测，更容易浪费对方的时间，使其感到不耐烦。所以，一定要在首句就把主题反映出来。

做好重点标注，突出关键信息

我们都熟悉“重要的事情说三遍”这个梗，曾经有段时间，这句话被滥用于各个场合，不管大事小事，都要给你一个“重要的事情说三遍”的提醒，引起了许多人的反感。不过，这种方式在QQ、微信等在线沟通工具中使用确实能起到一定的提示作用，让我们做到重点关注。

我们知道，使用QQ、微信等在线沟通工具时，没有办法像在纸质文件中那样加粗或者改变颜色来突出重点信息。此时我们可以使用一些特殊的方式来突出重点信息，以免对方忽略，造成不必要的麻烦。

小路是一家幼儿园的老师。为了方便及时和家长沟通孩子在幼儿园的情况，她也与时俱进，建立了一个微信群，一旦学校有活动，便通过微信群发送，以便让大家都知晓。因为在当前，微信几乎成了人们必备的沟通工具，所以家长们也乐于接受这种沟通方式。

有一天，学校决定组织一次家长会。由于幼儿园内设施有限，需要家长们自带小马扎或小板凳。而且因为操场正在施工，从正门进入不方便，需要从东边的侧门直接进入教室。

于是，小路老师就把这个开会的通知发到了群里。

“尊敬的家长朋友：

您好，为了让您更真实地了解我们幼儿园的发展目标和您的孩子在我们幼儿园的学习生活情况，我们幼儿园决定于11月20日下午2点举行家长会。我们全体教师真诚地期待您的参与，同时希望您能够留下宝贵的意见!

鉴于本次家长会的重要性，请父母或孩子的监护人务必参加。

本次活动的地点为各班教室。请各位家长从东边侧门进入，并自带马扎或小板凳。”

通知发出后，群里反应很快：“好的”“收到”“明白”……

小路老师看到大家没有疑问，这才放心。谁知到了家长会那天，问题百出：有的家长走了正门，结果绕远了不说，还弄得满身泥泞；有的家长根本不知道要自带板凳，结果空手而来，只能坐在地上。一场本来可以开得很圆满的家长会，最后在家长的各种抱怨声中结束。

在我们的日常工作和生活中，通知、通告可以说无处不在。我们经常会接到各种各样的通知，也偶尔会发布一些通知，对这种信息传播方式可以说再熟悉不过了。小路老师万万没有想到，就是这样一个小小的、再普通不过的通告竟然引出了这么多的问题，还受到了家长的抱怨和指责。我们也不禁为她鸣不平，因为这件事的发生不能称为错误，只能说没有做到尽善尽美。

在我们日常接收的纸质通知或通告中，经常会有这样的情况：在通知或通告的重要之处，都会用醒目的颜色或特殊的字体、字号来着重突出，以提醒人们注意。如果小路老师能够想到这一点，将通知的重要部分也做出突出显示，那么家长们入场可能会更顺利一些，家长会也会有个圆满的结局。

当前，大多数在线沟通工具都依赖于手机。由于手机屏幕的限制，人们在阅读文字内容时，远不如阅读图书、报纸等纸质文件那样看得更仔细，因此经常会遗漏一些重要信息。虽然这是难以避免的事情，但信息的发送者应该使用特殊方法将其重点突出。

在使用QQ、微信以及其他在线沟通工具时，如果想着重突出某部分内容，可以采用以下方法。

第一，如同我们开篇所说的“重要的事情说三遍”的梗一样，你可以在发送信息的时候，在重要内容之前写上比较清晰的、突出的符号，让人一眼就可以看到重点信息。

比如在案例中，小路老师可以这样写：

“重要的事情说三遍：

请各位家长从东边侧门进入，并自带马扎或小板凳。

请各位家长从东边侧门进入，并自带马扎或小板凳。

请各位家长从东边侧门进入，并自带马扎或小板凳。”

这样就很容易引起家长们的注意。

第二，在重要文字前加一些符号和文字，比如：“【重点】”“《重点》”“*重点*”等等。当信息为大量的文字时，如果出现这类比较清晰、突出的符号，人们的目光首先会看向这部分，知道这里是重点信息。

第三，如果发送的信息为图片格式，可以利用在线沟通工具自带的编辑器，将重点部分用红框或红线标出来，让对方一目了然，知道哪里是重点。

另外，还需要注意的一点是，有的人为了突出自己所说的信息，将默认字体加以改变，比如改成花花绿绿的颜色，或者各式各样的字体等。这样的处理在手机上有时候会非常刺眼，阅读起来比较吃力，甚至还会显得信息发送人幼稚。所以，即使我们要标出重点内容，也不要轻易修改默认字体。要知道默认字体虽然普通，却最符合大多数人的习惯。

慎用表情符号，避免增加负面印象

人们在面对面沟通时，可以通过对方的面部表情、手势等来探索对方的内心世界，从而了解对方。在进行线上沟通时，表情符号的使用也能提供一种类似面对面谈话的氛围，如同手势一样，表情符号也可以传达出信息发送者的情感和情绪。

在我们常用的在线沟通工具中，无论是QQ、微信，还是TM、旺旺，或者其他的线上沟通工具，都有一个表情符号库。我们在与人沟通的过程中，适当地使用表情符号代替难以言说的文字，可以有效地传达当时的心情或情绪，增强沟通效果。

不过，正如面对面沟通不能随意使用手势一样，我们在与人进行线上沟通的时候，也不能随意使用表情符号。

田明亮是一家电子商务公司的客服，主要工作是在线上与客户沟通，回答客户的咨询，解答客户的问题等。他对公司的产品非常熟悉，也非常喜欢这份工作。

这一天，有一个客户在线上主动和他联系，给他留言说："您好，我想了解一下你们在售的那款保湿面膜，可以吗？"

田明亮每次见到新客户来沟通心里都十分高兴，这次也不例外。他熟练地敲击着键盘，回复说："您好，当然可以，很高兴为您服务。（微笑表情）您具体想了解哪方面呢？"

"我想了解一下它的成分。之前我买的面膜含有过敏成分，使用后脸部发痒。你能介绍一下吗？”

“当然没问题。（微笑表情）我们这款面膜的成分主要有……”

田明亮愉快地给用户做着介绍。随后，客户又问了一些问题，他都是耐心地给予解答。等沟通完之后，那名客户便下了单。田明亮心中也十分高兴。

没想到几天后，客服主管将田明亮叫到了办公室，说最近有客户投诉了他。田明亮非常纳闷，因为他感觉和客户沟通得都非常愉快，没有发生矛盾。主管问他：“前几天是不是有个客户和你咨询保湿面膜这款产品了？”

田明亮想了想，说：“是的。有这样一位客户。她主要咨询我们的产品会不会让她过敏。我说我们的产品没有她所提到的那种物质，事实上我们的产品也确实没有。后来她也下单了，其间没有发生矛盾。难道面膜让她过敏了？不过我没有虚假宣传，是实话实说。”

田明亮不住地为自己辩解。主管说：“她没有过敏，她投诉的不是这方面的问题。我问你，你在和客户沟通的时候，是不是总是用微笑的表情？”

“是的。这样有一种亲和感，拉近和客户之间的距离。”

主管说：“那就是了。客户就投诉了你这一点。她觉得你使用微笑表情阴阳怪气的，是在嘲笑她什么都不懂。”

田明亮听完顿时感到满腹委屈，自己使用微笑表情明明是在传达一种善意啊，客户不明白是很正常的事情，我怎么会嘲讽她呢？

“我觉得……”田明亮刚想解释一下，主管就把他的话打断了，说：“你不要解释了。客户第一，以后少发或不发表情符号就行了。”

作为文字语言的一种补充，表情符号能够更加生动形象地传达出信息发送者当时的心情和情绪，在某些比较严肃甚至尴尬的场合，使用恰当的表情符号还能起到调节气氛的效果。然而，由于年龄、文化背景等因素的不同，同一个表情，不同人有不同的解读，对它的理解可能天差地别；而且即使同一个人，在面对不同的场景、心境、沟通对象时，也会有不同的理解。所以，我们在进行在线沟通的时候，如果打算使用表情符号，一定要加以慎重，否则有时候不仅会造成误解，甚至还会引来法律上的麻烦。

刘进一年前向郑桐借了一笔钱，约定还款期限为一年。到了约定的还款日，刘进因资金流转问题没有及时偿还。不久，郑桐便在微信上罗列了后者的借款明细以及约定应偿还的金额，同时又加上了滞纳金，并提醒刘进及时还款。刘进回复了一个“OK”的表情符号。

过了一段时间，刘进按约定应偿还的金额将钱打到了郑桐的账户，并表示还清了。郑桐当然不同意，要求偿还滞纳金，但刘进坚决说自己没同意要支付滞纳金。郑桐于是翻开了聊天记录，将刘进回复的“OK”表情符号指给他看。但刘进表示，那个符号是“谢谢”“thank you”的意思，是对郑桐提醒自己及时还款表示的感谢，并不是对支付滞纳金的认可。

郑桐当然不满意刘进的这种解释。两个人最终因此对簿公堂，打起了官司。

表情符号的推出，在一定程度上让网络沟通交流变得丰富多彩。表情符号虽小，但信息量却很大，有时候能够胜过千言万语。因此，在进行在线沟通的时候，许多人都喜欢使用表情符号。

但是，从另一个角度看，正因为一个小小的表情符号包含了丰富的信息量，所以很容易给人造成误解。就像案例中的事件那样，我们既可以把它理解成“同意”的意思，也可以把它理解成“感谢”的意思。理解歧义的存在最终导致了对簿公堂事件的发生，不能不让我们加以重视。

有人会说，没想到我们常用的表情符号使用竟有这么大的学问。那么在日常的工作、学习、生活中，我们究竟该如何正确地使用表情符号呢?

第一，如果在线沟通的双方不是很熟，那么建议循规蹈矩地使用沟通软件本身自带的基本表情。

第二，在谈工作的时候，过多地使用表情符号会让沟通显得不正式，最好使用简洁准确的语言。如果一定要用表情符号，那么一定要少。

第三，在婚恋、交友等通信软件上，不要过早地发送暧昧的表情，那样会显得非常轻佻。

第四，在和长辈们交流时，不要对他们发过来的动画表情大惊小怪。因为在他们眼里，“微笑”的表情符号就是微笑，“再见”的表情符号也只是代表再见。

第五，慎用微笑表情符号，很多人觉得对方一发微笑就意味着大事不妙，尤其是领导发过来的时候，要赶紧反省自己是不是做错了什么；还有人认为这个表情符号代表的是强颜欢笑，或者是讽刺。

第六，如果我们想用表情符号缓解尴尬的气氛，那么连发三个比单独发一个效果好。

第七，在线沟通时，文字才是主要的，表情符号只是一个辅助工具。所以当对方只使用表情符号而不发文字的时候，我们应该明白：交流结束了。我们应尽快结束这次对话，以免两个人都尴尬。

第八，在秒回时代，如果回复一个表情符号用时超过了一分钟，就意味着过了真心实意的保质期，之后再发什么都如同对无话可说的敷衍。

第九，一定要记住，不同通信软件自带的表情符号是不同的，看似相同的表情符号实则代表不同的含义。

第十，有些人在进行线上沟通的时候，特别喜欢发一些私人化的表情符号。如果沟通的对象是你十分要好的朋友，发一些私人化的表情符号不仅无伤大雅，还会起到活跃气氛、巩固友情的作用。但如果对方是领导、同事、客户时，发这类怪异的表情符号则不太适宜。也许我们的目的只是想拉近距离，实际上却增加了负面印象。

不问“在吗”，有事情直接留言

只要使用过在线沟通工具的人，都会遇到过这种情况：对方在和你正式说话之前，都会发两个字：“在吗？”然后等待你的回复。或许我们也经常这么做，想和某个人说些事情，但不知道对方在不在线，就试探性地发出“在吗”两个字。

尽管这在在线沟通中是一种常见的现象，但我们不能说这是一种很好的留言方式。因为这样的信息发出后，对方看到后都会产生疑虑：到底回复“在”还是“不在”呢？

这一天，小芸正在刷微信时突然收到一条信息：“在吗？”她一看发信人，是高中同学小雯。

小芸想到，在高中时期，她和小雯曾经还是同桌，但关系只能算一般。高中毕业后，小雯去了英国留学，之后便一直没有联系。直到三年前，她回家乡的时候正好遇到小雯也回乡探望，两个人便加了微信，但很少联系，只是春节的时候偶尔相互问候一下。现在离过节还早，也没有什么重大日子，她找我会有什么事情呢？

她忽然想到：同学小凤说过，小雯曾经下海经商，结果失败了，赔了很多钱，还欠了很多钱。她突然和我联系，不会是想和我借钱吧？要知道网上经常看到这样的新闻，一个人突然联系上好久没联系的同学，开口就借钱。如果小雯真的和我借钱怎么办？因为自己现在手里也没有多少积蓄。借了，自己很难生活；不借吧，又伤了同学的感情。

正在纠结的时候，她忽然又想到，那已经是两年前的事情了，不可能是借钱。那又会是什么原因呢？小芸又胡思乱想起来。

正在这时，小雯又发信息了："在吗？我上次听说你是做服装外贸业务的，我现在有个朋友，接到一个外国客户的订单。想看看你这边有没有合作的机会。"

看到这条信息，小芸立刻转忧为喜，马上回复道："我在！"

在线沟通留言不说事情先发"在吗"这个社交黑洞，确实困扰着无数人，而且我们也经常犯这样的错误。每当收到这样的留言，我们也肯定都会像小芸一样，先进行各种猜测，接着分析对方的意图，思考如何回复更合适。这真是一个痛苦的过程。与其如此，倒不如直接说事情来得痛快。

不过，话又说回来，既然很多人都在说事情之前先发"在吗"，那也说明许多人都不清楚给对方留言的正确方式，只会使用这样一个大众化的留言方式。实际上，留言的方法非常简单，只要把你想问的问题或想说的事情说清楚，然后静待对方的回复就可以了。

不过，在留言的时候，我们也要根据不同的接收对象和情境来选择最恰当的文字。

第一，如果对方和我们关系密切，那么问题就简单了很多，留言可以不必太拘束，甚至可以放肆一些。比如：

"上午刚见面，现在又想你了。一会儿出去逛个街，有空吗？"

"刚下班，打不到车，能来接我一下吗？请速回！"

…………

第二，如果我们刚刚添加了对方为好友，那么在留言的时候就应该开门见山地介绍一下自己，然后再说有什么事情。比如：

"我是李希，是媒人张阿姨把你的QQ号给我的，我们能先聊聊相互了解一下吗？"

"我是刘满，您的朋友小华向我介绍了您。听说您对视频制作非常精通，现在我正有这方面的问题，想向您咨询一下。您什么时间有空，可以聊聊吗？”

…………

第三，如果对方是我们的新客户，那我们在留言的时候必须表明三件事：

其一，我是谁或者我代表哪家公司。

其二，我留言的目的是什么。

其三，我要推介的产品（或服务）对对方有什么好处。比如：

“您好，我是华智集团的肖锋，主要负责媒介公关方面的业务。我们公司的资源丰富，价格实惠。如果您有这方面的需求，可以随时联系我。”

第四，如果对方是我们的老客户，那留言则可以放开些，可以将正在进行的优惠活动等直接告诉对方，一方面起到互动作用，一方面也能促进成交。比如：

“打扰一下，上次您咨询的商品已经剩下最后两件了哦！如果您想要，我可以替您留住。”

“我们全店的商品正处于促销阶段，现在购买有小礼品赠送。如果需要，欢迎前来哦！”

以上就是在使用在线沟通工具留言时所要注意的常见事项。我们处于一个快节奏的时代，每个人都非常注重效率，不希望把时间花费在等待中。一句“在吗”会让沟通的双方都处于等待状态，因此常会导致效率的低下。所以，我们在与他人沟通的时候，少用或者不用“在吗”这个词语，可以直接说我们的问题或事情，这样更高效一些。

少用“嗯”“哦”等感情消极的词汇

我们在使用线上沟通工具的时候，除了不能使用或少用“在吗”这个词，也应当尽量少使用“嗯”“哦”这样一些感情上不够积极的词汇。因为使用了这些词汇之后，即使我们的内心是比较积极的，对方也感受不到。尤其是在工作中，当我们这样回复领导的时候，会让他们觉得我们的工作态度不端正，存在消极抵触的情绪。

杨珊在一家咨询公司上班，每天都要做调研、出方案，忙得如同陀螺一般。最近，她的上级离职了，公司决定从内部员工中选择合适的人才来接替他的职位。其中，杨珊和刘丽是最热门的人选。相比较而言，杨珊稳重扎实，业务能力稍胜刘丽三分，刘丽则在沟通、统筹能力方面略胜一筹。

为了这个经理的位子，杨珊和刘丽两个人一直在暗暗较劲。尤其是杨珊，更是付出了超常的努力：每天不到九点不下班，当天的工作不完成不下班。那股劲头让刘丽都刮目相看。

即使再苦再累，杨珊都一直坚持着。一天，杨珊正在拜访客户的路上，忽然董事长在微信上给她发来一条信息：

“我在三亚出差，现在需要公司的简介一份。我手头的比较陈旧，需要把上个月的各项营业数据更新上去。”

杨珊看到后，马上回复：“我正在去拜访客户的路上，数据在办公室，您什么时候要呢？”

“现在是十点，十一点你能给我吗？”董事长回复说。

“嗯。”

杨珊回复完，马上让车掉头。她回到办公室，飞跑着来到办公桌前，气都没喘匀，就打开电脑汇总数据，然后在原有的公司简介上进行更新。半小时后，杨珊终于大功告成，将文件发给了董事长，并留言说：“董事长您好，您要求的公司介绍文件已经发送到您的邮箱，请查收。”

杨珊终于松了一口气。谁知几分钟后，董事长回复了：“刘丽已经在十分钟前给我了。”

原来，董事长收到杨珊“嗯”的答复后，觉得杨珊答应得有些勉强，甚至有些不愿意、不高兴的情绪在里面。为了能准时在会议中使用最新的文件，他又发信息给刘丽。刘丽回复得很爽快：

“好的，您的需求已经收到，十五分钟内我将把最新的文件发给您。”

这件事情过后，董事长对刘丽的印象大大加深，最后决定让刘丽担任经理一职。

在经理职位的竞争中，杨珊的希望本来要高于刘丽，最终却因为一个回复上演了一幕“职场翻车”现场，令人惋惜。

也许有人为此感慨，职场如战场啊！实际上，我们也不要把职场看得那么可怕，只要掌握了一些沟通技巧，则完全可以在回复上做到不扣分，甚至还能加分。

1. 如果收到领导安排性的微信

我们就可以使用“接受+表态+方案”的方式来进行回复。比如，领导发微信给你：“我计划后天上午到三亚开会。”信息文字不多，意思只有一个，让你来安排相关的事宜。这时候，你可以这样回复：“收到。我立即安排。十分钟后我给您出一个行程方案，当面向您汇报。您看是否合适？”

这样的说法，“接受”“表态”“行动”三个要素齐全，领导听了，是不是感到有种“放心”的感觉呢？相比之下，如果你只回答一个“嗯”“哦”，那么领导又会怎么想呢？

2. 如果收到领导通知性的微信

比如说领导发微信说：“明天上午九点大会议室开会。”收到这样的信息，有些人会回复“嗯”“哦”这样的词汇，让人感到带有一丝不情愿的意味，这样的回复要扣分；有些人会回复“好的”或“收到”，感情色彩中性，不加分也不扣分；有些人则会回复“收到。按时参加，已准备好方案”，这样的答复要加分。

回复“嗯”“哦”只是表明你收到了通知，去不去呢？领导心里没底。

回复“好的”或“收到”，表明你会参加，但是否愿意去呢？领导不知道。

回复“收到。按时参加，已准备好方案”，则表示不仅会参加，还愿意去参加，并做好了准备。这样的答复是不是让领导心里很舒服？

有人说：“态度决定一切。”这话说得有些绝对，但有些时候，态度还是能够起到决定性作用的。职场也好，日常生活也好，我们应该少用一些“嗯”“哦”等带有消极色彩的词汇回复，多用一些情感积极的词汇，无非是多输入几个字，却能让对方更认可我们，何乐而不为呢？

多用文字沟通，避免频繁语音

随着QQ、微信等在线沟通工具越来越多地融入人们的生活，其功能也越来越多，不仅能使用文字的形式进行沟通，也能使用语音的方式进行沟通。使用语音这种形式沟通的时候，如同手握一柄双刃剑，在取得良好沟通效果的同时，也可能会伤害自己。

方南是一家贸易公司的商务经理，他在与人沟通的时候有个习惯，就是总使用语音形式。无论是向领导汇报工作，对下属布置任务，还是和亲戚朋友进行日常交流，他都是使用语音来进行沟通。用他的话说：既然开发出了语音功能，就是为了方便沟通，几分钟就把自己想要表达的想法透露出去了；而打字呢，则要花费十几倍的时间，多耽误工夫啊。

方南从自己的角度来考虑，确实是方便了，但是对方呢？他却从来没有想过。明明是同样的话，如果是文字内容，对方可能用一分钟就看完了；但是如果使用语音，那么可能需要几分钟，而且还经常出现听不懂的情况，然后不得不反复来回听，无形之中浪费了很多时间。

一次，董事长出差，让方南在微信上向自己汇报工作。方南又开始发一段段的语音，董事长一打开和他的对话框，全是红点，让人有不想听的冲动。董事长为此狠狠地批评了方南一顿，但是他依旧不改。

一次，董事长去和另一家公司的老总谈判，双方争论得非常激烈，尤其在成交价格上，双方各不相让。谈判进行了三天，仍没有谈出结果。最后，为了能够拿下这个订单，董事长决定在价格上再让一步。他于是就发微信给方南，让他再计算一下产品的底价是多少，自己再在底价的基础上加百分之十来报价。

方南接到董事长的信息后，马上开始计算，然后就用语音的形式发给了董事长。也是由于当时谈判过于激烈，董事长大脑也有些疲惫，当众点开了方南发来的语音。巧的是，董事长手机的音量还很大，一下子，在场的人都知道了产品的底价。

底牌被揭开，董事长在谈判中一下子就处于下风，最后不得已以底价签订了合作协议。回来后，董事长做的第一件事就是当众开除了方南。

方南使用语音发送信息，方便了自己，没想到却将底牌展示给了对方，造成谈判上的失败。当然，像方南这样因为使用语音而导致重大失误的案例并不多见，但是，在日常的工作生活中，频繁地使用语音确实给接收者带来了很大的困扰。

为什么很多人非常讨厌对方频繁发语音的行为呢？其实原因主要有以下几点。

1. 不方便接听

比如在办公场合中，很多员工是在一个大空间里一起工作。假设大家都用语音来沟通工作，那么一会儿这边收到一条语音，一会儿那边又收到一条，公司和菜市场有什么区别？

另外，有的带小孩的妈妈有时候也不方便接收语音。一方面是因为孩子在小时候需要很多睡眠，怕语音吵醒他们，另一方面自己也需要补补觉。所以，她们认为，对方频繁地给自己发语音，是一种很没有礼貌的行为。

2. 沟通习惯

大多数人在使用在线沟通工具时，还是比较偏向于阅读文字的，使用语音会有一种隔阂感。

3. 沟通方式不对等

“我辛辛苦苦地给你打字，而你却一直在给我发语音”，这种不对等的聊天方式很容易让打字的一方产生不满。

4. 耽误时间

时间过长的语音会让对方感觉到压力，而且一旦听错了，或者没有听清，还需要从头再听一次，这是一种浪费时间的行为。

5. 在工作中，许多沟通内容需要留档备存

当工作项目出现问题的时候，就可以根据文字聊天记录来确认责任人。而语音方式则不能进行文字留存，如果时间比较久的话，语音还存在无法播放或丢失的情况。

所以，我们使用在线沟通工具的时候，还是多使用文字，不要频繁地使用语音。那么，是不是说语音就完全不能使用呢？当然不是，在下面这些情况下，使用语音则完全可以避免你们之间的矛盾。

第一，如果我们确实不方便发文字，那么可以先向对方发消息：“请问方便接听语音吗？”如果对方同意，则可以用语音沟通。

第二，具体视对方的沟通方式而定。比如对方发文字，你也发文字和他沟通；如果对方使用语音，那么你也可以用语音。这样，对方自然而然就不会多说你什么，因为你们的聊天方式是对等的。

第三，如果是工作中不重要的事情，或者和领导的关系比较密切，也是可以适当使用语音的。

在线沟通工具开发了语音功能，是以用户需求为导向的，所以语音也必然有其优势所在。我们并非完全禁止使用语音功能，而是在某些场合不适合频繁使用语音。选择合适的场合，掌握好频率，使用语音也能起到不错的沟通效果。

第八章

引发兴趣，摆脱初次见面的尴尬与无聊

抓好“黄金十五秒”，最短时间吸引对方注意力

有个成语叫“一见钟情”，大致的意思就是，两个人相互看了一眼后，就深深地被对方吸引了，从而双双坠入爱河。

“一见钟情”这种现象是真实存在的，而且时常发生在我们的周围。有人会问，“一见钟情”是形容很短的时间内，两个人就相互喜欢了，“一见”并不是指只看了一眼，而是形容时间短，那么具体是多少呢？有科学研究表明，“一见钟情”的发生平均只需要十五秒的时间。如果两人在十五秒的时间里，还没有产生爱情的“火花”，可能就意味着你对对方来说没有那么强烈的吸引力。不要说“一见钟情”，就是以后交往恐怕都会受到阻碍。

恋爱方面是这样，扩大到整个社交范围，包括初次拜访客户、电话销售、面试等，同样是这样。在这短短的十五秒内，如果你没有成功地吸引到对方，那么你的这次拜访、销售、面试很可能是失败的。

这短短的十五秒，也被人称为“黄金十五秒”。在这短短的十五秒内，对方会对你有个初步的印象和认知，以决定是否要和你进一步交流，并深深地印在其头脑中，影响你们日后的交往。

那么，初次见面的时候，你要如何做才能成功地在十五秒内吸引到对方呢？

小琪和丽芳都是某科技公司的业务员。该科技公司以开发通用软件为主。经过近一年的努力，一款集新媒体编辑、发布为一体的软件终于开发

成功，并开始正式投向市场。为此，小琪和丽芳承担起开发新客户的任务。

小琪是公司的老员工，经验丰富，在与客户沟通的话术上已经形成了一套自己的风格，无论是公司的什么产品，她都能熟练地套用。

这一天，小琪拜访了一位新客户，开场就说："张总，您好，我知道您的时间比较宝贵，但是我还是希望您能抽出一点时间了解一下我们公司的新产品。我们这款新软件是历时一年才研发而成的，软件成功地将编辑、发布等功能融合在了一起，这是其他同类软件所不能比的。这款软件自始至终都受到公司的重视，所以在稳定性上您也可以放心。我知道贵公司也需要这样的软件，因此，我第一时间向您郑重地推荐这款软件，希望能帮助到您……"

小琪还想继续往下说，但是张总很快就打断了她，并找了个借口离开了，小琪很是失望。作为老员工，小琪在如何找到潜在客户上经验丰富，但是每次和客户打交道都类似这样，签单的成功率一直不高，为此她十分苦恼。而丽芳是新员工，她手里的客户资源非常少，于是她就在话术上下功夫，尤其是在开场白上，更是反复琢磨，希望以此来打开突破口，提高成交率。

这天，丽芳通过网络找到了一个潜在客户，仔细地研究了一下他们的业务后，拨通了电话，说："李总，您好，我是××公司的丽芳。我看您那边在新媒体发布文章的时候经常会遇到版式与平台不兼容的情况，正好我们新开发了一款软件，可以解决这个问题，而且可以节省百分之五十的编辑时间，我可以详细给您介绍一下吗？"

张总正在为新媒体高效发布的问题而苦恼，丽芳的电话恰似及时雨一般。接下来的交流就如同行云流水般顺畅，丽芳也很快拿下了这个单子。

苏联文学家高尔基曾说过："最难的开场白，就是第一句话，如同音乐一样，金曲的音调，都是由它定的。一般要花较长的时间去寻找。"他的这句话包含两层意思：第一层意思是开场白就如同音乐中的定调一样，给你的本次交往定下个基本的调性；第二层意思是一个合适的开场白是很难的，它需要人们花功夫、费时间去寻找、设计。

一般来说，设计一个好的开场白，要遵循以下几个要点。

第一，要简练。因为你要在短短的黄金十五秒内完成开场，如果语言不够简练，啰啰唆唆，一分钟过去了对方还不知道你是谁、你要干什么，那么即使你再有诚意、你的产品再符合其需求，恐怕对方也不会再进一步沟通了。

提到简练的开场白，不得不提到电视剧《西游记》中唐僧经典的自我介绍："贫僧唐三藏，从东土大唐而来，要到西方大雷音寺求取真经……"把自己是谁、从哪里来、要到哪里去、要干什么说得清清楚楚、明明白白。

第二，要与对方建立起互动联系。沟通的开场白不是演讲或信息发布会，不是只有你一个人的表演，只要把你所说的表达完整、清晰就行了。沟通的一个基本特征是互动性，所以你设计开场白的时候也要考虑要让对方能够和你互动，而不是一味地听你讲话。

第三，要牢牢记住你这次沟通的目的是什么，要把你的目的包含在你的开场白之中。否则，即使你的开场白再精彩，也和你沟通的目的毫不相关甚至大相径庭，最终离题万里，白白费一番口舌。

第四，要充分考虑沟通对象的情况，基本了解对方的信息。比如，你是一名销售员，要向对方推荐一款美容产品，最好要了解一下对方是否有这方面的需求、是否了解你的产品、对你的产品持什么态度等等。虽然初次见面，彼此相互陌生，很难了解到这些，但你在设计开场白的时候一定要把这些因素考虑进去，多一些设想，这样才能让沟通的时候做到随机应变，这样才能使你的开场白达到效果。

比如，对方对你要推销的美容产品非常熟悉，现在只是在价格上还有些犹豫。你在设计开场白的时候没有注意到这一点，一见面就将产品介绍了一番，这样不仅没有让你达到目的，而且还增加了对方的反感。如果是电话沟通的话，对方百分之九十会直接挂掉你的电话。

一般来说，在与人初次见面沟通的时候，如果你能够充分考虑这些因素，那么就能在短短的黄金十五秒内吸引对方的注意，奠定进一步交流和交往的基础。

独白型表达，让每一句话都被听到

在两个人或几个人初次见面沟通的时候，常常需要其中的某个人说上一段独白。比如：

在面试的时候，应聘者常常需要用大量的时间进行自我介绍，介绍自己的工作经历以及自己对工作的见解等；

销售员在向陌生的客户推销自己的产品时，也需要用大量的时间去介绍自己的产品、讲述产品的优势，或者解答客户提出的问题。

在日常的生活中，我们可能会不小心损坏了陌生人的物品，或者需要向陌生人求助，这时候也需要进行一番解释或者说明。

我们把这种类型的交谈称为独白型表达。

独白型表达，是指在沟通交流的时候，独自进行较长而连贯的言语活动，而说话者与听众没有直接或过多的言语交流，一般只通过表情或简单的语气词来进行回应。

独白型表达以说话者为核心，传达的目标既可以是事先预设、指向明确的，比如面试时的自我介绍、销售员对产品的介绍等，也可能属于临时性的语言表达，比如应聘者回答招聘者的问题，或者销售员回答客户提出的问题。

但是，在进行独白型表达的时候，无论是属于预先设定的还是临时性的，从表达的内容上来说都相对单一、独立，而且目的性非常强。所说的内容无论对说话者还是听话者，都非常重要，所以要确保每一句话都被对方听到。

面试即将开始，张芳拿起了即将面试者的简历，眼前顿时一亮。

面试者名叫赵河，某重点大学工科硕士毕业。他在读研究生期间，协助导师攻克了许多技术上的难题，这在业界也都是众所周知的。看完简历，张芳朝着身边的助理微微一笑，说："你的眼光很不错嘛！如果我们能招到这样的人才，老板一定会非常高兴的。要知道现在正缺懂这项技术的人才，老板说不定会请你吃饭呢！"

张芳说完，又不禁皱起了眉，说："这么优秀的人才，完全可以到大型的名企去工作，为什么会应聘我们这个不足百人的小厂呢？"

不一会儿，应聘人赵河走了进来，是一名年轻帅气的大男孩，脸上透着学生的青涩。从一进门到坐在椅子上，他一直低着头，一副小心翼翼的样子。张芳感到很奇怪，刚才那名面试者远不如赵河优秀，却对自己有百倍的自信，说起话来滔滔不绝。但赵河为何这样小心谨慎，难道学历造假了？

张芳于是开口问："能把毕业证给我看一下吗？"

"可以。"赵河小声地说着，然后把毕业证递了过去。张芳让助理在网上验证了一下，是真的。

于是张芳说："按照流程，先简单介绍一下自己吧。"

"我叫赵河，是××大学研究生毕业，研究方向是计算机软件开发。在学校期间，学习了多种计算机语言，C、C++、Java、Python，这些你们都了解吧，JSP、PHP等也都非常熟悉。研究生期间跟随导师做了几个项目，重点完成了DBMS和ADP，顺利通过了APR。其中ADE是我独立完成的。对了，我曾经还参加过CUMCM，获得过一等奖，还参加过Kaggle。业余时间，曾经编写了多个Applet，被国内一家著名的互联网公司购买……"

赵河足足说了有七八分钟，屋子里静悄悄的，张芳和助理静静地听着。当赵河结束的时候，两个人的脑子仿佛全被英文字母占据了，其余的一句话都仿佛没有听到。

应聘的时候，面试者最重要的一点就是把自己的优势一清二楚地告诉对方。很显然，赵河没有做到这一点。尽管他说了很多，但几乎做的是无用功，让招聘方感觉一句话都没听到，所以说这是一场失败的面试。

在进行独白型表达时，许多人也会犯赵河那样类似的问题。比如销售员在介绍产品时，会涉及产品的功能、性能等，但是他一番介绍下来，顾客却听得一塌糊涂，仿佛什么都没听到一般。为什么会这样呢？

在与他人交谈沟通的时候，我们很容易陷入一个沟通误区，即我们知道甲，那么我们认为甲就是常识，是每个人都知道的常识。但事实并非如此，“闻道有先后，术业有专攻”，不同的知识背景和不同的岗位，会产生不同的视角。每个人的经历和专业都不尽相同，你所擅长的、了解的，别人并不见得也擅长、也了解。同样，别人所擅长的，你也并不见得了解。我们想当然认为必知的事情，也许在别人眼里却是从未接触过的知识。

如果你不了解这一点，只站在自己的立场看问题，难免就会像赵河那样，虽然说了很多，但对方根本就没听到任何一句话。

那么，如何解决这个问题呢？一个比较好的方式就是使用谁都能理解的低语境沟通。在低语境沟通中，我们的思想、想法通过语言可以表达得很清楚，而不需要对方费太多的脑细胞去思考，也不需要依赖更多的知识去理解。

除此之外，还有几种情况也会造成对方听不到我们的话。

1. 说话含糊、不明确

我们在表达的时候，给出的信息不明确。这时我们可以用代表事实的数据说话。要知道，在当今这个大数据时代，数据比经验更有说服力，也能让听者更直观地理解我们的表达。

2. 遣词造句能力欠缺

虽然我们每个人从小就学习说话，但并不代表我们都具有良好的遣词造句能力。如果我们这种能力很强，那么就能把我们的观点用精练的文字表达出来，让对方清楚地明白我们的思想。

对此，美国著名作家马克·吐温曾说："高超的遣词造句能力，能有效提升一个人的说话魅力，每当我们用对了词语……我们整个人都会有很大的转变。"

3. 前后指代不清

口头表达不同于写作。写作是书面表达，可以大量使用代词，因为读者有足够的视觉空间来容纳上下文进行理解。但是口头表达不同，如果代词用得太多，听众很难根据你前面的话来分清指代关系。因此我们在口头表达的时候，为了避免指代不清造成的误解，尽量少用代词。

套用名言、歇后语和典故，形成自己的专属句子

古人打仗讲究“兵在精而不在多”，写文章讲究短小精悍、语句锤炼。长篇大论并非全是精品，有时候倒不如一首小诗让人印象深刻。同样，当我们与人初次见面沟通时，能够引发对方与我们交流的兴趣，也不在于说多少话，有时候一两句精辟的、独特的语句则胜过千言万语。

赵明明以策划经理的身份加入了某家广告公司。按照部门的分工，策划部经常需要与活动部进行沟通，并密切配合来完成公司的项目。为此，赵明明在办完所有的入职手续之后，决定先去拜访活动部的经理，以便顺利地开展工作。

不过在拜访之前，赵明明心中也犯嘀咕。因为在面试的时候，听人事部的同事说，活动部的经理姓王，从公司一成立就在公司了，属于元老级员工，所以难免总以功臣的身份“欺压”其他员工。而且他在性格上有些不近人情，心高气傲，很难和别人相处。

此外，赵明明还听同事说，前几任策划经理都是由于和活动部的这位王经理不和才离职的。有一位甚至仅仅干了一天，就因和王经理发生了争吵而愤然辞职。

尽管如此，赵明明还是决定主动去见一见这位王经理。因为既然早晚要打交道，躲是躲不开的，还不如早一点见面为好。

赵明明走到了王经理办公桌前，看见他正在写活动方案，头也没有

抬，更没看他一眼。赵明明心想：果然这是个不近人情的人。

赵明明于是开口说："王经理，您好，我是新来的策划部经理，以后请多多指教。"

王经理依旧没有抬头，不冷不热地说："哦，你好，指教不敢当，相互学习吧。请问你怎么称呼？"

赵明明赶紧回答："我姓赵，叫赵之良将。"

他的话一出口，王经理立刻把笔停下了，抬起头来，看着赵明明，说："你叫什么？赵之……"

"赵之良将。"

"赵之良将？你的名字特殊啊！"王经理好奇地说，仿佛产生了莫大的兴趣，"我记得《史记》上有这样的一句话：'廉颇者，赵之良将也。'"

"王经理的文史知识真的很棒！没错，我就是当今的廉颇，他的优秀品质我都具备，比如负荆请罪，如果我犯了错误，也能认真听取意见，认真改正。还有，我更具备'将相和'的能力，为了公司的大局，我会和各位同事密切合作的。而且我知道，我们策划部和您的活动部需要配合的地方很多，所以我也能够像廉颇那样，和您携起手来，一起加油！"

王经理一听，顿时明白了赵明明的弦外之音，赶紧拉着他的手说："那真是太好了。欢迎欢迎。"

从此赵明明在公司有了一个外号"赵之良将"，这也成了他的专属标签。

赵明明巧用典故，在与王经理初次见面的时候，不仅成功地引起了对方的兴趣，还传达出了自己想要和对方精诚合作的意愿，同时还迅速拉近了两个人的关系，一举三得，这就是使用典故的魅力所在。

在广告领域，许多品牌都会有自己的专属广告语，比如中国李宁的"一切皆有可能"、小米的"为发烧而生"、农夫山泉的"我们不生产水，我们只是大自然的搬运工"等等，其特点是采用精练的语言概括出品牌的核心定位，传达出品牌的调性和追求。企业通过反复宣传自己的广告语，可以加深消费者对企业品牌的认知，以至于一提到这个广告语，就知道这个品牌的名字。

而与他人的初次见面，其实也可以看作一个自我推销的过程，充分地利用典故，形成自己的专属句子，则很容易引起对方的兴趣，引出新的话题。

除了使用典故，在与他人初次见面沟通的时候，套用名言、歇后语等形成自己的专属句子，也能达到同样的效果。

在单位组织的宴会上，其他桌的客人都相谈甚欢，热热闹闹，只有一张桌子的客人因为彼此都不认识，感觉没有话说而显得安安静静。与周围喧闹的情境相比，这张桌子上的人显得非常不和谐，甚至每个人都显得局促、紧张，但就是没有人打破这种尴尬的局面。

这时候，有个小伙子站起来，说："莫言说过：'社会生活本来就是喧嚣浮躁的。'或许我们也应该热闹一点儿。"一句话，让大家局促的神情得到了缓解，开始相互聊起天来。

这个小伙子套用了莫言的名言，既缓解了尴尬的局面，也给众人留下了深刻的印象，这就是套用名言的妙处所在。

有个词语叫"引经据典"，就是说在沟通的时候，根据当时的具体情境，巧妙地引入典故、名句、成语、歇后语等，以达到沟通的目的。通过引用"经典"，让前人替自己说话，这种手法如果用在与他人初次沟通的场合，则更容易让人眼前一亮，扫除尴尬与无聊的阴霾。

避免提可以用“YES”或“NO”回答的问题

当前，我们已经步入了信息化的时代，各种聊天工具层出不穷，交流也越来越方便。但是令人惊讶的是，人与人之间实质性的沟通却日益艰难。如果不信，看看我们身边的交流氛围就清楚了：大家围坐一堂却每人抱着自己的手机“各自为政”；每个人都很“忙”，甚至连吃饭都要盯着手机看，以至于和身边人说句话的机会都没有；人与人之间的关系似乎都变成了“点赞之交”。

或许我们会说，“原本我也是不想看手机的，但是周围的人都低着头玩着自己的手机，没有人理睬我，也就只好也拿出来做做样子，不然自己干坐着，显得好尴尬”。当然我们也不能否认，在座的人中或许也有和你想法相同的人。那么在这种情况下，我们该如何打破尴尬的局面呢？不妨就从提问开始吧。

提问是一种能力，我们具备提问的能力吗？

也许有人会说，提问还不简单吗？想起什么问什么，随意一点沟通起来不是更舒服吗？

如果我们存在这种想法，只能说明我们还没有意识到提问能力的重要性，当然也就更不会有意识地提升自己的提问能力了。

这是城市郊区的一个街心花园，因为地理位置比较偏僻，且四周居民小区较少的缘故，不要说平时，就是像今天这样的周末，在这里休闲的人也很少。张晓光却很喜欢这样安静而优美的环境，此刻他正坐在公园的一个小长椅上，悠闲地读着古典名著《水浒传》，思想早已和英雄们一起去除暴安良了。

“六月天，孩儿脸，说变就变。”忽然间，天上阴云密布，一阵狂风过后，下起大雨来。张晓光立即收起书，跳了起来，看见不远处有个小亭子，立即飞奔过去。等到了小亭子里，他发现自己的头发、衣服都湿了，小风吹过来，冷飕飕的。

张晓光正在晃着脑袋，甩掉头发上的雨水的时候，猛然发现亭子里还有一个人，而自己刚才甩出去的雨水也甩到了那人的身上。张晓光感到很不好意思，说：“不好意思，刚才没注意到您。”

那人回答说：“没关系。”

也许是一个小小的亭子里只有两个人有些尴尬，也许是刚才甩了别人一身雨水，虽然道歉了但仍有些过意不去，张晓光觉得应该说些什么，否则空气将变得令人窒息般安静。

“你也在避雨啊？”张晓光想了半天，才想出这么一句话来。

“是的。”那人回答。

“你刚才没有被雨淋吧？”

“没有。”

“你就住在附近吗？”

“是的。”

张晓光问了几个问题，觉得也没什么好问的了。问姓名？初次见面也可能就这一面之缘，不合适；问工作等，也显得唐突，只好尴尬地站在那里。

对方仿佛也觉察到了两个人的窘境，便问张晓光：“你看的是《水浒传》吗？”

“是的。”张晓光回答。

“你平时很爱看书吗？”对方又问。

“是的。”张晓光回答说。

“你也经常买书吗？”

“是的。”

很快，对方也不知道问什么比较合适了。两个人又在亭子里尴尬地站了一会儿。很快雨过天晴，两个人便先后走出了亭子，各自回去了。

张晓光和那位避雨之人为了摆脱尴尬，都采用了提问的方式，打算以此来打开话题，但都以失败而告终。为什么呢？主要原因是提问的方式不对。提问的方式有很多，像张晓光和那位跟他一起在亭子里避雨的朋友一样，两个人的提问都属于封闭式提问。

作为一种基本的提问方式，封闭式提问是指谈话者事先设计好了备选答案，对方的回答被限制在备选答案中，也就是说，他们只能从备选答案中选择，常用“YES、NO”“是、不是”“有、没有”“对、不对”等简单词语来作答。

进行封闭式提问时，由于已经给了对方一个框架，让回答者按照指定的思路回答问题，所以可以有效避免“跑题”现象的出现，使提问者持续掌握谈话控制权。同时，由于缩小了讨论的范围，使谈话集中于某几个特定问题，所以便于回答，可以节省谈话时间、缓解谈话气氛。

封闭式提问在销售人员与陌生客户沟通时使用的频率很高。他们提出简单的封闭式问题，通过客户的回答，可以了解客户的信息以及他们对产品的态度。比如：

“您是想买一台拍照效果比较好的手机吗？”

“您是打算现在就拿货吗？”

…………

封闭式提问易于回答，能够节省时间，这是优势，但也存在一定的劣势。如果我们使用封闭式提问方式，将难以得到问句以外的更多信息材料，也很难使对话继续进行下去，所以这种提问方式绝不适合两个人初次见面的聊天。因为如果我们使用了封闭式提问，那么对方只能回答“YES”或“NO”，就无法挖掘出可以作为谈资的话题。没有话题，那么聊天就将难以维持下去，最后就只能像张晓光和那位在亭子中避雨的朋友那样，变得尴尬而无聊。

比如，宿舍新来了一位同事，是广东的。你如果这样问对方，“你是广东人吧？”“你刚到天津吧？”“广东比天津热很多吧？”等等，对方恐怕只好一次又一次地重复“是”。这不能怪新同事不健谈，而是这种笨拙的发问至多就能回答到这个程度。

正确的方式是，在提出封闭式问题时，再加以引导性，让回答不仅限于“YES”或“NO”。

这种方式的应用也非常广泛。比如，我们催朋友还钱的时候，如果我们用了“朋友，到还钱日期了，你还能还我吗？”这样的封闭式问句，对方无论回答“YES”还是“NO”，我们之间的感情都很可能会破裂。

那么，如何能既不伤感情，又能达到提醒对方还钱的目的呢？我们可以这样说：“朋友，到还钱日期了，您是打算全部还我，还是现在手头紧张，打算先还一部分呢？这都没关系的。”

这么一说，同样是让对方选择，但语气上要缓和很多，对方也易于接受，我们和朋友之间的感情也不会破裂。

而这种方法应用到和他人初次见面聊天时，效果也非常显著。

张丽楠是一个活泼开朗的阳光大男孩，无论走到哪里，都能带去欢乐。这一天，他正在大街上走着，忽然下起了大雨，而他又没有带雨具，只好躲进了旁边的一个小商店。店铺非常小，除了商品，最多只能容下五个人在里面，而此时，只有张丽楠和店员两个人。

张丽楠为了表示对店员允许避雨的感谢，买了一盒口香糖，然后站在门口等雨停。两个人都默不作声，尴尬极了。张丽楠看气氛有些压抑，觉得应该说些什么，偏巧一回头，看见店员正在那里看《红楼梦》。于是便开口问：“你看的是《红楼梦》吗？是八十回版本还是一百二十回的版本？”

“一百二十回的。”

“都说后四十回是别人续写的，你认为是高鹗写的还是曹雪芹写的？”

“我觉得是曹雪芹。据说现在有人利用大数据……”

于是，张丽楠和那名店员以《红楼梦》为话题，聊得热火朝天，一扫最初令人窒息的气氛。

一般来说，在和初次见面的陌生人说话的时候，封闭式提问可以使用，但要避免只能用“YES”或“NO”回答的问题。适当加以引导，扩大回答问题的范围，这样就能找到合适的话题，使谈话进行下去，而不会出现无话可说的尴尬情形。

说到这里，可能有人会想：天哪！只不过是提问题而已，怎么会有这么多的讲究？事实也的确如此，说话是一门艺术，提问也是一门艺术，体现的是我们沟通的能力。

多问开放式问题，让对方打开话匣子

初次见面的沟通，一般从提问、找话题开始。提问是相互了解的最初途径，也是寻找彼此间共同话题的最佳方式。提问的方式有很多，要注意的是，在不同的场合需要选用不同的提问方式，这样才可能达到提问的目的。

比如上文我们提到了封闭式提问，还有一种与之相对的开放式提问，在与人初次见面时使用更为广泛，而且效果也更好。

作为一种常用的提问方式，开放式提问主要是指提出一些比较笼统、广泛、范围较大的问题。这些问题对回答的内容限制不是非常严格，能够给被询问者以充分的自由发挥的余地。在使用开放式提问的时候，提问者应多使用“什么”“为什么”“怎么”等词，从而引导被询问人做出解释、说明式的解答，而不能简单地回答“YES”或“NO”。

开放式提问，其优点非常明显：

首先，可以让提问者更深入地了解对方的真实想法，获得额外的解答；

其次，激发被提问者交流的兴趣。

因此，在与人初次见面的场合，如果多提一些开放式问题，则很容易让对方打开话匣子，避免出现无话可谈的尴尬和无聊情况的出现。

邵臣和郑韬韬是科金达软件公司的客户代表。公司的产品为财务软件，并支持定制业务。为了提升业绩，他们经常去参加各种会议、沙龙，以求认识更多的人、结交更多的朋友、拓展更多的客户。

这一天，他们共同参加了一个IT技术交流峰会。在晚宴环节，邵臣忽然有些喜出望外。原来，他意外地交换到了罗嘉科技的沈总经理的名片。要知道，罗嘉科技是他们公司的重点潜在客户。之前，公司也曾联系过该公司，但联系人都是基层人员，仅仅是将产品介绍和公司介绍通过邮件传了过去，从来没有和该公司中层以上的领导交流沟通过。不过，他们知道该公司正在做整体转型，为上市做着准备，正在计划对包括财务软件在内的软实力进行提升。

而此刻，邵臣却意外地拿到了罗嘉公司高层的名片，他怎能不激动呢？恰巧的是，邵臣看见沈总经理正坐在一旁的椅子上休息，觉得机不可失，赶紧走了过去，来到他的面前，说："沈总，您好，我是科金达软件公司的邵臣。"

沈总经理抬头看了邵臣一眼，欠了欠身，说："你好，请问有什么事吗？"

邵臣说："我们公司最近新开发了一个财务管理软件，我听说咱们公司目前正准备更换财务软件，所以我想向您推荐一下我们公司开发的软件。我能向您介绍一下吗？"

沈总经理说："暂时不需要。不知道您从哪里得来的消息，说我们公司需要财务软件。我们公司即将上市，怎么可能没有财务软件呢？"

邵臣说："是这样吗？那请问贵公司使用的是哪家公司开发的软件呢？"

听完邵臣的问话，沈总经理就站起身来，说："对不起，我还有事情，有时间再聊，好吗？"没等邵臣回答，沈总经理就走了。

邵臣铩羽而归，如同斗败的公鸡一样，灰溜溜地来到了郑韬韬跟前。郑韬韬问："怎么样？哪个环节出问题了？价钱谈不拢吗？"

邵臣叹了口气说："能谈到价格那一步就好办了。他们根本不需要财务软件，也许咱们找错了目标。"

“不见得吧，我去试试。”郑韬韬有些不信。看见沈总经理正在休闲区品尝着点心，就走了过去，礼貌地对他说：“沈总，您好，我是科金达软件公司的小郑。您来参会也是因为公司的软件存在问题吗？”

“可以说是吧。”沈总经理回答说。

“来参会的企业基本上都在软件上存在或多或少、各种类型的问题。就说我们吧，也经常遇到客户各种奇怪的问题和需求，比如有的公司要求总经理一级权限、财务经理二级权限的，有的要求财务经理一级权限、董事长二级权限的，各公司的架构不同，需求也不同。唉，对了，沈总，不知道您那边遇到了什么问题？有什么需求呢？”

沈总经理说：“问题倒是有，但也不是像你说的那样奇怪。我们公司目前正在转型，也在准备上市。你知道，上市的话对财务这块审核是很严的……”

于是，沈总经理滔滔不绝地介绍起公司财务软件所面临的各种问题和需求。郑韬韬认真地听着，把所有的问题和需求都记在了心里。等对方介绍完，郑韬韬说：“我明白了。其实您说的这些问题非常正常，要解决也不是太难，正好我们公司开发的这款软件非常符合您的需求，这是我们的产品资料，您看一下。不知道您明天有空吗？我过去给您详细地演示一下。”

沈总经理表现出了极大的兴趣，说：“好啊，非常感谢。明天下午三点怎样？我在公司等你过来。”

郑韬韬说：“好的，没问题。那我就不打扰您了，我们明天见。”

在上述案例中，邵臣和郑韬韬向我们展示了使用不同提问方式所得到的不同结果。在邵臣的沟通过程中，他知道自己沟通的目的，但由于没有把握好提问的方式，让对方听起来很不舒服。因此，即使沈总经理有财务软件方面的需求，他也不会咨询邵臣。

郑韬韬则不同，在沟通过程中，他采用了开放式的提问方式，让沈总经理打开了话匣子，说出了自己所面临的困难，表达了自己的真正需求。

这样，根据沈总经理的回答，郑韬韬才顺利地实现了自己的目的。

沟通是讲究策略的，不同的提问方式，得到的答案可能是截然不同的。而我们身边的那些沟通高手们，总是能够善于提出一些开放式问题，让对方打开话匣子，并从这些话中找出突破口，再组织策略进行沟通，从而达到自己的目的。

提出开放式问题以实现顺畅交流，不仅在商务沟通中广泛应用，在日常生活中使用效果更佳。比如，男生和女生初次见面，由于羞涩、放不开、紧张等原因造成冷场、尴尬、无聊的局面非常正常。这时候怎么办呢？没错，提出问题，而且是开放性的问题，那么很快就能让对方打开话匣子。哪怕是“你今天看起来很开心，一定是发生了什么趣事吧”这样一个简单的问话，一旦聊起来那可是长篇大论啊！

不过，提开放式问题虽然好处多多，但是也有要注意的问题，比如，如果问题过于开放，就会变得松散，很难进行深度挖掘，也不便于对谈话内容进行总结。如果我们本次的沟通有着特定目的，那么这样的话就很容易出现“跑题”的现象。

为了避免出现此类问题，我们可以这样做：

第一，在提出开放式问题之前，我们一定要明确提问的目的，问题一定要围绕目的展开，不要过度扩展。

第二，在提出开放式问题时，问题一定要具有逻辑性，通过一问一答，逐渐深入，达到我们沟通的最终目的。

第三，提出开放式问题要把握好尺度，不要让对方产生被询问、被窥探的感觉，从而产生抵触心理。

第四，提出的开放式问题一定要有引导性，引导对方朝我们沟通目的的方向回答。

第五，提出开放式问题时要注意语气，既不能轻浮，也不能过于沉闷，更不能带有责备的口气。

提开放式问题的主要目的是让对方打开话匣子，避免冷场。如果你与人初次见面的谈话纯属聊天，那么以上所说的条条框框可以再放宽些。因为聊天不是写论文，不用非得找个核心论点，然后再围绕这个核心论点展开谈话。我们可以让问题再开放些、再发散些，可以不严肃，但不能乏味。随便一些，即便看着有些随意，但也总比两个人尴尬地四目而视、无话可说强很多。

回答对方提问时，话语要具体一些

前文谈到，提出开放式问题能有效地让对方打开话匣子，这是毋庸置疑的。但是，我们也知道，沟通是相互的，有提问、有回答，如果回答得不得体、过于简单，那么再好的提问方式也将难以取得良好的沟通效果。要知道，如果你用简单的回答敷衍了事，很快就会将对方挑起的话题“熄灭”，让场面再次陷入尴尬与无聊。

唐小帅，人如其名，非常帅气，是某家公司的业务员，出差是家常便饭。这次他又受公司的委托去谈一项业务。由于是临时安排，他没有买到机票，也没有卧铺，只能在硬座上坐上十几个小时。

幸好硬座车厢人不是太多。唐小帅旁边无人，对面是一名年轻的姑娘，从穿着来看，是一名干练的职场女性。两个人面对面坐着，谁也不说话，看看手机，或者看看窗外，偶尔还对视一下，都感觉对方有开口说话的意思，但好像又都不想打破这个局面。

唐小帅有些沉不住气了，决定主动开口，就问：“姑娘，你好，你坐车是出差还是旅行呢？”

“出差。”姑娘回答。

“哦，你是哪里人呢？”唐小帅又问。

“山东。”

“哦，山东是个好地方。您的家乡是不是有很多好玩的？”

“嗯，是的。”

唐小帅还想再问，又觉得这样的问答好像是“审讯”一般，所以就不再问了。半个小时后，火车进站了，又上来一批人，其中有一个女学生，坐在了那个姑娘旁边。唐小帅看见她带的零食上写着“湖北特产”的字样，就问：“你是湖北的吗？”

“哈哈，不是，我是山东的。不过我从初中的时候就随父母到了湖北，也习惯了那里的生活，所以好多人都认为我是湖北人。”

“是这样啊！湖北是不是有很多好玩的地方？”

“可不是嘛。湖北好玩的地方可多了，比如……”那个女学生滔滔不绝地讲起来。

在案例中，唐小帅提出了类似的问题，为什么一个没有实现“破冰”，继续保持尴尬的局面，而另一个却能迅速破局，进入聊天状态呢？关键还是在于女白领和女学生的回答。

女白领的回答有问题吗？没有，所答正是所问，从这个角度说一点儿问题都没有。但是从沟通技巧上来说，这种“挤牙膏”式的回答非常不利于沟通的顺畅进行，也不能解决“冷场”、无话可说的局面。

而那个女学生在回答提问的时候，则总会把回答说得更细、更具体。这样一来，双方就很容易找到话题，从而把沟通持续下去。这就是我们为什么强调，在初次见面的时候，在回答对方提问时，话语要具体一些。

第一，初次见面，回答对方的提问，我们能说得具体一些，这是一种礼貌的表现。过于简短，会被对方认为我们自视清高，对人爱答不理。

第二，如果我们的回答内容比较具体，对方会觉得我们对他（她）这个人、对他（她）提出的问题非常重视，从而愿意与我们沟通。

第三，如果我们在回答时能够让内容更具体一些，对方的兴趣也会大增，更主动地与我们交谈。

第四，如果我们的回答内容比较具体，那么就更容易找到合适的话题，让沟通更顺畅地持续下去。

在与不熟悉的人沟通时，开放性的提问与具体的回答相互配合，能让沟通效果更佳。在有的情况下，回答的重要性要超过提问的重要性。比如，在面试的时候，面试官经常会问一些相当具有开放性的问题：

“你有什么爱好？”

“你有什么成功案例？”

…………

如果我们回答过于简单，那么面试官则不会对我们有更深的了解，也难以给面试官留下一个良好的第一印象，更不利于我们面试成功。

比如，面试官问：“在近期的工作中，你认为哪件事最为成功？”

如果我们回答：“在三个月前，我通过学习、分析，并总结经验，最终完成了公司第一篇10万+的公众号推文。这个过程虽然很辛苦，但是我收获了很多知识，也让公司的品牌得到了广泛传播。”

简简单单两句话便回答了这个问题，你认为面试官会满意吗？当然不会，他不想听你的结果，更想听你完成这件事的过程，从而对你做出一个判断。

我们可以这样回答：“三个月前，当时我所在公司的经理让我在一个月内完成一篇阅读量10万+的文章。那时候，公司公众号的粉丝数只有两万多人，按照常理来说，要达到10万+的目标很难实现。但是既然领导把这个任务交给我了，这是对我的信任，所以我必须鼓足勇气去完成。我首先研究了其他一些公众号的10万+文章，分析了……”

试着比较一下，如果我们是面试官，在这两个应聘者各方面能力都差不多的情况下，会选择录用谁呢？

作为求职者，我们在回答面试官的问题时，千万不要过于简单，甚至用“是”或者“不是”就结束了回答。面试官提问的目的不是判断你答案的对错，而是通过你的回答判断你的能力、思维方式等。所以，我们的回答要具体一些，以便让面试官有更多的了解。

问答是最基本的沟通方式，提问很重要，回答也很重要。即便一个人如苏秦、张仪般能言善辩，如果让他去和一块顽石说话，恐怕也不会产生任何交流。尤其在与人初次见面的时候，在回答提问的时候，我们尽量把话说得具体一些，与提问相呼应，把问题向深度和广度延伸，这样才会引发对方对你的兴趣，找到合适的沟通话题，让沟通的效果更佳。